A Porcelain Dream in Maple Forest
Porcelain Unearthed from the Liling Tangjia'ao Kiln Site

枫林瓷印

醴陵窑唐家坳窑址 出土瓷器精粹

湖南省文物考古研究院 株洲博物馆 醴陵窑管理所 编著

文物出版社

图书在版编目（CIP）数据

枫林瓷印 ：醴陵窑唐家坳窑址出土瓷器精粹 ／ 湖南
省文物考古研究院，株洲博物馆，醴陵窑管理所编著. ——
北京：文物出版社，2022.10
ISBN 978-7-5010-7837-0

Ⅰ．①枫… Ⅱ．①湖… ②株… ③醴… Ⅲ．①民窑－
瓷器（考古）－介绍－醴陵－元代 Ⅳ．① K876.3

中国版本图书馆 CIP 数据核字 (2022) 第 193229 号

枫林瓷印——醴陵窑唐家坳窑址出土瓷器精粹

湖南省文物考古研究院　株洲博物馆　醴陵窑管理所　编著

责任编辑：戴　茜

文物摄影：张　冰

英文翻译：潘　攀

书籍设计：特木热

责任印制：苏　林

出版发行：文物出版社

社　　址：北京市东城区东直门内北小街 2 号楼

邮　　编：100007

网　　址：http://www.wenwu.com

经　　销：新华书店

印　　刷：天津图文方嘉印刷有限公司

开　　本：889 mm × 1194 mm　1/16

印　　张：16

版　　次：2022 年 10 月第 1 版

印　　次：2022 年 10 月第 1 次印刷

书　　号：ISBN 978-7-5010-7837-0

定　　价：380.00 元

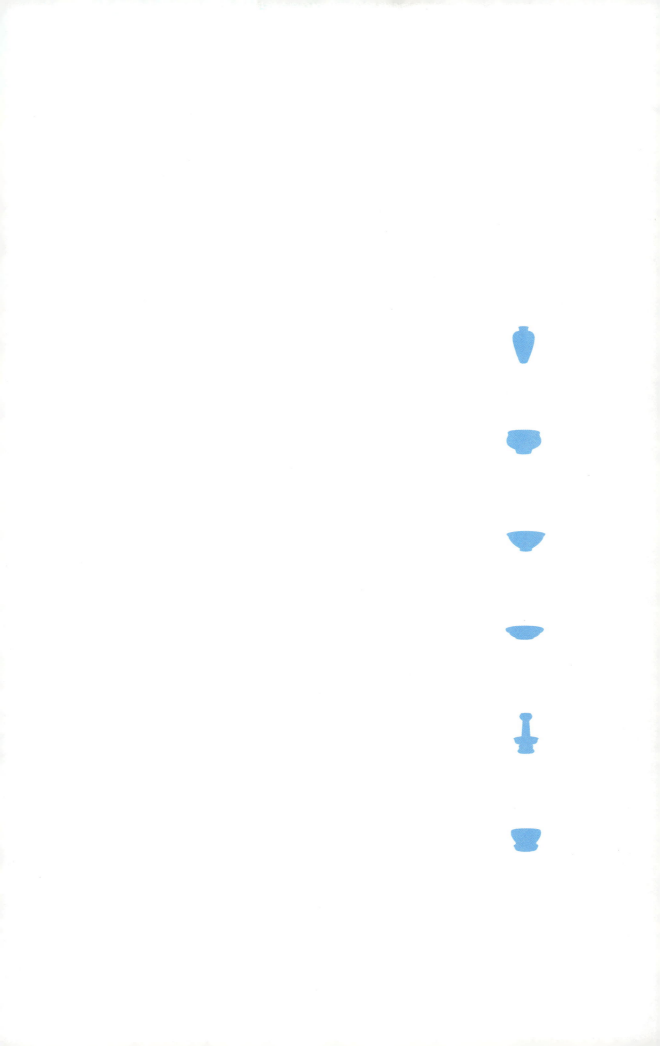

目录
Content

唐家坳窑址发掘收获

Excavation Results of the Tangjia'ao Kiln Site

唐家坳窑址位于湖南省醴陵市枫林镇唐家坳村，于第三次全国文物普查期间发现。2010年，为配合浏醴（浏阳至醴陵）高速公路建设，湖南省文物考古研究所、株洲市文物局、株洲市博物馆、醴陵市文物局对该窑址进行了抢救性考古发掘，发现多处宋元时期青白釉瓷窑址和清代青花瓷窑址，是醴陵窑一处重要的遗址区。通过多年的考古调查和发掘，并结合历史文献记载，目前已经能够初步勾勒出醴陵窑的发展轨迹。

一　醴陵窑的发展史

醴陵位于湖南东部，罗霄山脉北段西沿，湘江支流渌水穿境而过，东临江西萍乡，为湘东门户。醴陵东北两乡的沩山、老鸦山等地盛产瓷土，据民国《醴陵县志》记载："东堡乡小沩山，地产白泥，溪流迅激，两岸多水碓以捣泥粉，声音交接，日夜不停，故瓷厂寝盛，今上下皆陶户，五方杂处。"[1]民国二十九年（1940年）调查时，沩山有土瓷厂10处，甑皮岭有土瓷厂5处，钟棚堂有土瓷厂16处。民国三十一年（1942年）的调查显示，城区姜湾一带（即湖南瓷业公司所在地）有细瓷厂91处，沩山有细瓷厂2处，仙源桥有细瓷厂3处。

近年的考古调查和发掘，进一步刷新和丰富了醴陵窑的窑业面貌。2018年，株洲市博物馆和醴陵窑管理所在孙家湾镇发现了两处五代时期的青釉瓷窑址，证明早在五代时期，醴陵地区就已经开始了瓷业生产，只是这一时期并没有形成大规模的窑场，青釉产品的面貌和装烧工艺明显来自衡州窑，而且这种青釉瓷生产持续的时间不长，窑址停烧之后的北宋时期就没有瓷业生产的迹象了。

南宋时期江西景德镇等地窑工的迁入，使得醴陵、耒阳、益阳、浏阳等湘东和湘北地区几乎同时出现了烧制青白釉瓷的窑场，从而改变了宋元时期湖南的窑业格局，青釉瓷、青白釉瓷、彩瓷并存。醴陵窑的产品直接继承了江西景德镇的窑业技术，以碗、盏、盘、碟等日用瓷为主，也生产少量砚滴、象棋等文娱产品。入元以后，醴陵窑又顺应市场变化，一改清秀之风，变为粗犷豪放，窑具变得粗大厚重，产品风格多以仿龙泉窑为主。

元末至明代，醴陵地区的瓷业生产有一段空白期，直到明末清初才再次兴起。文斐著《醴

---

[1]（民国）陈鲲修、刘谦纂《醴陵县志》，湖南人民出版社，2009年。

陵瓷业考》记载，清雍正七年（1729年），广东兴宁人廖仲威在醴陵沩山发现瓷泥，"向沩山寺僧智慧赁山采泥开矿，创设瓷厂，并约其同乡技工陶、曾、马、廖、樊等二十余人，共同组织，招工传习，遂为醴陵瓷业之嚆矢"。文物部门在多次对沩山进行的考古调查中发现了明代青花瓷窑址，似乎表明清初廖仲威来到沩山时，此地已开始小范围烧造青花，廖氏或许正是基于这一线索，才进一步发现此地蕴藏着丰富的瓷泥资源，遂产生创设瓷厂的想法。此后，醴陵沩山开始大规模烧制青花土瓷，成为醴陵地区的瓷业中心，且"渐次推广于赤竹岭、老鸦山、王仙观口、大小林桥、瓦子山、漆家坳、严家冲、五十窑前、寨下境、青泥湾、茶子山、唐山口等处，最盛时为光绪十八九年"[1]。清光绪末年至民国初年，醴陵土瓷制法先后传至衡阳、衡山、长沙，沩山不仅是醴陵瓷业的中心，同时也是晚清民国时期湖南土瓷业的发源地。

清光绪三十一年（1905年），熊希龄等在醴陵县北姜湾一带创办湖南官立瓷业学堂，翌年创办湖南瓷业公司，多聘用沩山瓷业技艺高超的工匠，同时从景德镇和日本聘请瓷业技师，改良醴陵瓷业。自此，醴陵开始烧制细瓷，并创烧出了釉下五彩瓷，这既与以往的青花土瓷迥然不同，也与景德镇窑产品有很大差异，其产品先后在清宣统元年（1909年）"武汉劝业奖进会"、清宣统二年（1910年）"南洋劝业会"、清宣统三年（1911年）"意大利都朗博览会"、民国四年（1915年）"巴拿马太平洋万国博览会"上获得金奖，自此醴陵窑声名鹊起，国内外商贩来此贩运者络绎不绝。长沙台田、江西萍乡纷纷聘请醴陵瓷业技师，传授釉下五彩的制作技艺。由于沩山土瓷和瓷业公司细瓷面对不同的市场需求，二者得以携手并进。民国二十三年（1934年）前后对醴陵瓷业的调查结果显示，醴陵土瓷年产值为79万元，占湖南土瓷产值总量的83%，醴陵细瓷年产值为51.8万元，占湖南细瓷产值总量的96%，瓷器生产给醴陵带来了巨大的经济效益，成为醴陵及湖南实业的重要组成部分[2]。

1957年，醴陵东乡部分瓷厂的阶级窑相继改为煤窑。1958年，国家投资800万元对醴陵瓷业进行技术改造，"粉碎靠水碓，烘干靠太阳，成型靠手工，烧窑靠松柴"的传统瓷业生产工艺在经历了千年的发展以后逐渐退出历史舞台。醴陵沩山原有的水源、瓷土等资源优势在新的科技和便利的交通条件下已大大缩减，沩山周围的瓷厂纷纷迁移或停烧，大批瓷业工人走出沩山进入市区的瓷厂，逐渐形成了现代醴陵窑中心在城区的格局。1964年，醴陵瓷器先后被指定为国宴餐具和国家礼品瓷。而后，醴陵窑开始生产毛主席的专用餐具、天安门城楼用瓷、中南海和钓鱼台国宾馆用瓷。醴陵窑因此被誉为中国当代"红色官窑"，醴陵窑在短暂的沉寂之后再次焕发了青春。

二　历年考古工作

（一）考古调查

2003年底至2004年初，株洲市和醴陵市的文物部门对醴陵沩山地区开展了文物调查，发现了大量瓷窑址、瓷泥矿井、瓷片堆积及制瓷作坊等遗迹。

---

[1]　（民国）陈鲲修、刘谦纂《醴陵县志》，湖南人民出版社，2009年。

[2]　（民国）朱羲农、朱保训《湖南实业志》，湖南人民出版社，2009年。

图1 钟鼓塘元代窑址Y15发掘区
远景（上为北）

2009年6～10月，株洲市文物局和醴陵市文物局组成联合考古调查队，对醴陵窑遗址群进行了一次大规模考古调查，全面摸清了醴陵窑址群的基本情况，并对典型窑址进行了考古勘探，刊布了详细的考古调查勘探报告[1]。

2014年10月至2015年1月，湖南省文物考古研究所和醴陵窑管理所联合对醴陵窑的核心区沩山窑区进行了详细的考古调查，利用1：2000大比例地形图和正射影像图等资料，将所发现的窑址及相关遗迹落在地形图之上，为后续保护规划的编写及考古发掘工作奠定了基础[2]。

2021年11月至2022年3月，株洲市博物馆、醴陵市博物馆与醴陵窑管理所联合组建醴陵窑考古调查队，对醴陵市左权镇永兴村汉代陶窑遗址进行了调查，在楠竹山、荷塘、王坪、桐子冲一带发现汉代陶窑遗址12处、码头1座，各遗址点地表散落大量汉晋时期硬陶片，部分残存窑炉及红烧土痕迹。此外，在左权镇玉皇阁村发现宋元窑址3处、清代青花瓷窑址3处。

（二）考古发掘

2010年8月至2011年1月，为配合浏醴高速公路建设，湖南省文物考古研究所、株洲市文物局、株洲市博物馆、醴陵市文物局对位于醴陵市枫林镇唐家坳村的唐家坳窑址进行了抢救性发掘，揭露多座宋元时期龙窑和2座清代青花瓷窑，出土的宋元时期青白釉瓷质量上乘，元代仿龙泉窑青釉瓷亦极具特色，此次发掘首次将醴陵窑的烧造年代上溯至宋代。

2015年10月至2016年1月，湖南省文物考古研究所与醴陵窑管理所联合对位于沩山钟鼓塘的元代窑址进行了主动性发掘（图1～5）[3]。瓷器种类有碗、盏、盘、碟、高足杯、执壶等，以碗为大宗，其次是盏、高足杯、折沿盘，执壶、钵等较为少见。釉色以青白釉为主，

［1］李永峰《醴陵沩山窑遗址考古调查取得重要收获》，《湖南省博物馆馆刊》（第七辑），岳麓书社，2011年。

［2］杨宁波、王献水《2014年醴陵窑考古调查及收获》，《东方博物》2015年第3期。

［3］湖南省文物考古研究所、醴陵窑管理所《洞天瓷韵——醴陵窑钟鼓塘元代窑出土瓷器精粹》，文物出版社，2019年；中国人民大学历史学院、湖南省文物考古研究所、醴陵窑管理所《湖南醴陵沩山钟鼓塘元代窑址发掘简报》，《文物》2021年第5期。

图2　钟鼓塘元代窑址出土青釉菊瓣纹碗

图3　钟鼓塘元代窑址出土青釉折沿碟

图4　钟鼓塘元代窑址出土青白釉高足杯

图5　钟鼓塘元代窑址出土青白釉炉

图6　毛家岭五代窑址发掘区（南—北）

青釉次之，另有一定数量的酱釉和少量双色釉。

2018年4～7月，株洲市博物馆、醴陵窑管理所在醴陵市孙家湾镇毛家岭发现并发掘了一处五代时期的窑址。该窑址南临醴陵渌江支流铁河，地势北高南低。窑炉为龙窑，主要烧造青釉瓷，器类包括碗、执壶、罐、钵、盏、缸、坛、杯、网坠等，以碗为主，多施青釉、

图 7　毛家岭五代窑址出土瓷器

青黄釉，产品具有五代时期特征（图6、7）。窑址东侧为废弃堆积，发现大量筒形匣钵，从采集标本可以看出，该窑址大量使用匣钵装烧，匣钵内碗、盘层累叠烧，以带支钉垫圈间隔，匣钵与匣钵之间以垫饼间隔，烧造年代为五代时期，废弃年代可能晚到北宋早期[1]。这是株洲地区首次发现五代时期瓷窑遗址，又一次改写了醴陵烧造瓷器的历史。

三　唐家坳窑址主要收获

2010 年对唐家坳窑址的发掘，根据地形地貌，将整个遗址分为四个发掘区，即李家坳区、李家弄区、石桥区和马冲区（图8）。李家坳区主要是窑址相关的废弃堆积，李家弄区发现了少量作坊遗迹，石桥区分布有宋元青白釉瓷窑和清代青花瓷窑，马冲区发现有宋元青白釉瓷窑和少量废弃堆积。

（一）李家坳区

李家坳区属于窑址的废弃堆积区。此次发掘共发现灰坑8个、沟2条、房基1座。其中H1、H2 为近现代堆积，G2 和房基（F1）为东周时期遗迹，其余均为宋元时期遗迹。

1.遗迹

H3分布于T3、T6、T7、T11、T12 内，开口于第④层宋元地层下，打破第⑤层（图9）。平面呈不规则形，最长处 10.75、最宽处 8.15、最深 0.8 米。H3 内堆积西北薄、东南厚，坑内填土为灰褐色黏土，土质松散，包含物丰富，含大量红烧土块、支圈、炭渣及瓷片等（图10）。瓷片以青白釉瓷为主，褐釉、酱釉瓷较少；器形可见碗、碟、杯、盘、钵、瓶、壶、

---

[1] 株洲市博物馆、醴陵窑管理所《湖南醴陵毛家岭五代窑址发掘简报》，《中国国家博物馆馆刊》2020年第12期。

灯等，以碗、杯、盏、碟为主；纹饰主要为花卉纹，技法多见模印、刻划；釉面光洁，多开片，大部分为芒口器。H3为宋元时期倾倒窑渣的废弃堆积坑。

H4分布于T1、T4、T5内，开口于第②层扰乱层下，打破第⑥层、H7及生土层。平面呈南北向不规则长条形，底部不平坦，已揭露部分长6、宽2.35、最深1米。坑内填土为褐色黏土，土质松散，含大量红烧土块、窑具和较多炭渣及瓷片等。瓷片以青白釉瓷为主，褐釉、青釉瓷较少（图11）。H4年代为宋元时期。

H5位于T11南壁下，开口于第⑤层宋元地层下，打破生土，坑口距地表1.2米。平面呈长方形，长1.6、宽0.95、深1.3米，坑壁及坑底未见加工痕迹。坑内填土为灰色黏土，似经淘洗，坑内无任何包含物。H5年代为宋元时期，性质或为储泥坑，用于储存经过淘洗的瓷泥（图12）。

H6位于T10南部和T13西北部，开口于第④层宋元地层下。平面略呈椭圆形，近南北向。坑内填土分2层：上层为深褐色土，土质较致密，厚0.15～0.3米，包含大量窑渣、窑灰、匣钵、支圈相对较少，出土较多青白釉瓷片，偶见酱釉瓷片，可辨器类有碗、盏、碟等，部

图8　唐家坳窑址发掘区航拍（上为西）

图9　李家坳区T11北壁所见H3层位关系

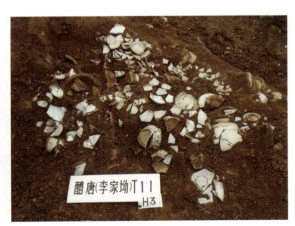

图10　李家坳区H3内瓷器堆积情况（东—西）

分瓷片上有印花或刻花装饰；下层为浅棕褐色土，土质较软，厚0.15～0.65米，含大量窑渣、窑灰、窑砖块、石块等，出土少量支圈和青白釉瓷片，偶见酱釉瓷片（图13）。H6年代为宋元时期。

G1分布于T6、T9、T10内，开口于第④层宋元地层下，打破生土。平面呈不规则长条形，开口长约8.4、底长0.4～2.3、深0.2～1.2米。沟分南、北两段，北段较浅，深0.2～0.4米，南段较深，深1～1.2米，沟南端被近现代灰坑H1打破。沟内为支圈和瓷片堆积，含土量较少，土色为红褐色，堆积中夹有炭灰、窑渣和红烧土。出土器物以支圈为主，另有较多保存完整的垫钵，青白釉瓷片较丰富（图14）。G1年代为元代。

2.产品特征及遗存年代

李家坳区出土瓷器以青白釉瓷为主，酱釉瓷和双釉瓷极少，基本不见青釉瓷。青白釉瓷多采用支圈组合覆烧法烧制，故口沿芒口，一般内外满釉，底足露胎。器形常见芒口深腹碗、芒口浅腹盘、芒口平底碟、芒口圈足盏等。器物多素面，装饰工艺主要为划花、印花，芒口深腹碗内多见划花，芒口浅腹盘和芒口平底碟内多有印花，内壁均以回纹和菊瓣纹为边饰，内底主体纹样有双鱼、莲荷、菊花等，少量芒口深腹碗或芒口平底碟的内壁见有双层或三层仰莲瓣。此区亦发现有采用涩圈或露胎叠烧法仰烧的青白釉瓷。涩圈青白釉瓷主要是饼足或圈足盏，外施釉至下腹部，底足露胎，内底涩圈，束口盏和炉均外施釉不及底，炉内多露胎，内底常见叠烧痕迹。李家坳区产品整体胎质细腻，胎体轻薄，釉层均匀，釉色莹润，无流釉现象（图15～20）。

图11　李家坳区T5内H4（南—北）

图12　李家坳区H5（上为北）

图13　李家坳区T13西壁所见H6层位关系（东—西）

图14　李家坳区T10东壁所见G1层位关系（西—东）

图 15　李家坳区出土青白釉碗

图 16　李家坳区出土青白釉莲瓣纹深腹碗

图 17　李家坳区出土青白釉涩圈碗

图 18　李家坳区出土青白釉划花盘

图 19　李家坳区出土青白釉印花盘

图 20　李家坳区出土青白釉灯盏

　　益阳羊舞岭窑[1]等湖南青白釉瓷窑址中，支圈覆烧法主要流行于南宋晚期至元代前期，且整体呈现出支圈覆烧逐渐被涩圈叠烧所取代的发展趋势，至元代中后期，支圈组合覆烧法使用较少。李家坳区出土的产品以青白釉瓷为大宗，基本不见仿龙泉窑青釉瓷，结合益阳羊舞岭窑等湖南青白釉瓷的发展脉络，仿龙泉窑青釉瓷出现的年代主要是元代中期以后。因此，李家坳区遗存的年代大致为宋末至元代早期。

　　（二）李家弄区

　　李家弄区位于发掘区地势最低处，有小河从该区穿过，地层堆积简单，遗迹较少，仅发现灰坑2个和木构遗迹1处（C1）。从遗迹类型来看，李家弄区可能是唐家坳窑址的作坊区，且并非作坊区的中心区域。

　　H1位于李家弄区南部T123的西侧，开口层位被破坏，打破第②层青褐色土和青膏泥生土层。坑口平面近圆形，长1.4、宽0.8米，深0.7米，弧壁，圜底。坑内北部有一横向木桩，木桩长约0.5、宽0.13米。坑内为黄色土，包含大量碎支圈、青白釉瓷片、酱釉瓷片等，可辨器类有碗、盏等。H1年代为宋末至元代。

　　H2位于李家弄区南部T124的南侧，开口于第③层下，开口距地表约0.15米，其下为青膏泥生土层。坑口平面呈不规则形，最长径2、宽1.3米，深0.3米。坑内有大量残垫钵，堆放杂乱（图21），出土较为完整的酱釉碗2件。H2年代为宋末至元代，可能是作坊区的废弃堆积。

［1］　湖南省文物考古研究所、益阳市文物管理处《湖南益阳羊舞岭瓦渣仑窑址Ⅱ区发掘简报》，《湖南考古辑刊》（第11集），科学出版社，2015年。

图 21　李家弄区 H2 内垫钵出土情况（北—南）

图 22　李家弄区木构遗迹 C1（北—南）

图 23　石桥区 Y1 ～ Y5（东—西）

C1 为木构遗迹，分布于 T109 ～ T111、T133 和 T134 内。平面可能为方形或长方形，由竖立的木桩和横木板构成，木桩直径 0.07 米，横木板残长 2.4、宽 0.05 ～ 0.12、厚 0.06 米（图 22）。C1 一侧发现大量过滤掉的粗砂，遗迹所在的三个探方内也出土了较多宋元时期瓷片等相关遗物，遗迹靠近小河。综合来看，C1 或为宋末至元代作坊区用于淘洗或沉淀瓷泥的池子。

（三）石桥区

石桥区遗迹最为丰富，发现了上下叠压的宋元时期龙窑 6 座（Y1 ～ Y6）（图 23）和清代青花瓷窑 2 座（Y7、Y8），出土器物数量亦最多，且器类多样。

1. 遗迹

（1）Y1 ～ Y6

根据地层及遗迹叠压关系，Y1 叠压于 Y2 之上，Y2 之下有 Y3 ～ Y6。Y1 开口于第①层下，Y1 ～ Y6 窑内堆积可分为 13 层（图 24）。

第①层：Y1 窑内堆积第 1 层。青灰色砂土，厚 0.01 ～ 0.15 米，包含少量青白釉瓷片。

第②层：Y1 窑内堆积第 2 层。红色砂土，夹杂烧土及青色砂土，厚 0.1 ～ 0.35 米，出土青白釉瓷片、酱釉瓷片。

第③层：Y1窑内堆积第3层。灰白色砂土与灰土混合，厚0.3～0.35米，出土少量青白釉瓷片、垫钵、支圈残片及黑釉瓷片。

第④层：Y1窑床红烧土板结层。厚0.1～0.28米，部分烧结面松散，其原因是Y1直接叠压在Y2之上，并未彻底清理以前的遗物，仅在Y2废弃堆积物上铺砂土和黏土平整后砌窑。此层夹杂倒塌的窑砖等，包含物较少，出土瓷片、支圈及垫钵碎块等。

第⑤层：Y2窑内堆积。青白色砂土，厚0.1～0.25米，堆积薄厚不均。

第⑥层：红色黏土窑渣层。厚0.07～0.28米，夹杂较多废弃窑具，尤以支圈、垫钵碎块最为常见，另见少量瓷片。

第⑦层：Y3窑内废弃瓷片及窑具堆积层。厚0.7～0.8米，出土器物较多，主要为青白釉瓷、酱釉瓷片，器类可见碗、盏、盘、碟等。

第⑧层：或为Y4窑底的一层很薄的堆积。不完全分布于窑室东半侧。青白色砂土，厚0.05～0.07米。

第⑨层：Y5窑床底部堆积。红色烧土，厚0.4～0.43米，夹有红烧土及烧结面。

第⑩层：青黄色黏土，厚0.15～0.2米，出土少量瓷片。

第⑪层：灰褐色黏土，厚0.25～0.35米，出土大量废弃支圈、垫钵及瓷片等。

第⑫层：黄灰色黏土，厚0.36～0.6米，出土少量瓷片及支圈碎片。

第⑬层：废弃窑具、瓷片及红烧土层。厚0.7～0.9米，出土大量窑具残片及瓷片，可辨器类有碗、盏、盘等。

第⑬层以下为红色砂质黏土，不包含遗物，为本地生土层。

Y1为长斜坡龙窑，窑头已残，火膛及窑前工作面情况不详，方向358°，残长约15、宽

图24　石桥区Y1～Y5窑床剖面（北—南）

图25　石桥区Y1（北—南）

图26　石桥区Y1与Y2窑内堆积剖面（北—南）

图27　石桥区Y2（南—北）

图28　石桥区Y3窑内堆积（北—南）

2.25～2.45米，窑壁最高处约0.7米（图25）。窑壁用砖砌筑，西壁尾端有内墙外倒的现象。窑壁内侧有因长期烧窑而产生的青黑色玻璃质窑汗，薄处0.02～0.03米，厚处0.1～0.15米。东侧残存窑门3个，窑门宽0.42～0.5米，用砖砌筑，窑门墙呈"八"字形。窑顶已残，从窑壁向内弧收的趋势来看，应为拱顶。Y1西壁外侧有两段用废弃匣钵叠垒起来的护坡。Y1内出土器物以瓷片为主，少见窑具，支圈、垫钵更为少见。瓷片以青白釉瓷为主，其次为酱釉瓷。可辨器类有碗、盏、盘、碟、灯盏等。青白釉碗多为芒口弧腹矮圈足，外壁常见菊瓣纹；青白釉盏多为敞口。酱釉瓷以盏为主，多敞口、饼足或圈足，部分束口。装饰技法有划花、印花，印花有菊瓣纹、莲瓣纹，常见于碗的内、外壁。

Y2叠压于Y1之下，为长斜坡龙窑，窑室前部和中部均已破坏，仅存窑尾，方向340°，南高北低，窑床坡度约13°，窑室残长6.5、宽2.2～2.6、残高0.06～0.7米。窑壁用砖砌筑，窑壁内侧有烧结的窑汗。窑门保留2个，位于窑室东侧，用砖砌筑，宽0.45～0.5、残存最高0.45米。排烟设施位于窑尾，上部已残，仅剩一排用砖砌筑的烟道，砖长24、宽16、厚8厘米（图26、27）。窑底有红烧土烧结层，土色略杂，部分呈青灰色或夹白色窑砂。Y2西侧有两段护窑墙，用废弃窑砖和垫钵残块叠垒而成，残存最高约1米。南段护窑墙长2.4米，近南北向，自上而下向窑室一侧倾斜，形成阶梯状上小下大的斜坡；北段护窑墙长2.8米，近东南—西北向，用废弃垫钵垒砌，不甚规整。Y2出土器物较少，以瓷片、窑具碎片为主，产品特征与Y1相似。瓷片主要为青白釉瓷，亦有酱釉瓷、青釉瓷，器类以碗、盏、盘等为主。碗多为弧腹矮圈足小碗，常见用条状工具刮削的菊瓣纹装饰，亦有内涩圈饼足碗者，饼足略厚；盏为敞（侈）口斜腹小饼足。窑具以垫钵、支圈为主，又以支圈数量最巨。

Y3 被 Y1 和 Y2 叠压，为长斜坡龙窑，窑头、窑尾均残，火膛、烟囱情况不详，方向327°，窑室残长约 20、宽 2.5 ～ 2.8、残存最高约 0.5 米。窑床以红色砂土铺成，砂土经火烧成烧结面，部分松散，部分板结坚硬，其下为 Y4 堆积。Y3 东壁有窑门 6 个，经过修葺。西壁外有用垫钵及窑砖砌筑的南北向护窑墙，长约 9.7、高 0.2 ～ 0.8 米（图 28）。Y3 出土瓷片、匣钵及支圈等，瓷片数量最多，以青白釉瓷为主，几乎不见酱釉瓷，青釉瓷亦较少见。器类以碗、盏、盘、碟、杯为主。碗常见深腹矮圈足碗，部分有刻划莲瓣纹，口径一般在 10 ～ 15 厘米，亦有较多口径较大者，为 15 ～ 20 厘米；盏均为饼足，少数内底有印花；盘为圈足，腹较高。Y3 内基本不见酱釉瓷，这是区别于 Y1 和 Y2 的一个细微差别。

Y4 为长斜坡龙窑，窑头已残，方向 327°，窑尾内收，窑室残长 13、宽 1.7 ～ 2.5 米。窑壁用砖砌筑，东壁保存较好，西壁被 Y3 打破。窑门残存 3 个，窑门外有弧形护窑墙（图 29）。Y4 出土器物以青白釉瓷为主，器类丰富，碗数量最多，烧制的人物形砚滴、鼎式炉、佛像等不见于 Y1 ～ Y3、Y5 及唐家坳其他发掘区，是石桥区 Y4 最具特色的产品。砚滴有牧童骑牛、人物形、八棱形等，造型丰富多样。炉有鼎式炉和鬲式炉等，鼎式炉一般上置两耳，下附三兽足，外底露胎，部分粘连圆形中空支柱，此类支柱是烧制鼎式炉的专用支烧具；鬲式炉较少，三足外有凸棱。

Y5 被 Y4 叠压，为长斜坡龙窑，残存窑尾部分，方向 346°，残长约 7、宽 2.25 ～ 2.5 米，窑床坡度 10°。东壁残长 6 米，残存窑门 1 个。窑门为 Y3、Y4、Y5 共用，宽约 0.5 米。西壁残长 4 米。窑尾出烟孔残存 5 个，孔宽约 0.15 米，由砖间隔而成（图 30、31）。Y5 内出土瓷片不多，不过从与 Y5 同时期的废弃堆积可以看出，Y5 的产品以青白釉瓷为主，酱釉瓷

图 29　石桥区 Y4 与 Y5（南—北）

图 30　石桥区 Y5（南—北）

图 31　石桥区 Y5 窑内堆积

图32　石桥区Y7（西北—东南）

和双釉瓷极少，不见青釉瓷。产品常见芒口深腹碗、芒口浅腹盘、芒口平底盘，芒口深腹碗外壁见有菊瓣纹刻花，浅腹盘和平底碟见有菊瓣纹、莲荷纹等印花。

Y6仅存一段窑壁。产品特征当与Y5相似。

（2）Y7、Y8

Y7位于发掘区西南部，为分室阶级窑，方向339°，残长20、宽2.65～3.7米。窑身从窑头向窑尾渐宽，分为六个窑室，每段单独分开，每段斜度不一，前段较陡，后段较缓，总体斜度约17°。Y7由火膛、窑床、窑门、排烟设施、窑棚设施等组成（图32）。火膛位于窑北端，地处山坡的低处。从窑头到窑尾，六个窑室的空间由小到大依次递增，窑室与窑室之间的隔墙下有过火孔传送火焰和热能，用来控制火焰的走向，使其形成半倒焰，最大化利用热能，每间窑室是一个相对独立的燃烧空间，均由窑墙、窑门、窑顶、投柴孔、窑底等结构组成。窑壁东西两侧对称开窑门，每间窑室各有窑门2个，共12个，便于每间窑室的装瓷与出窑。窑顶均已坍塌，窑底为台阶式的斜坡，台阶上的烧结层呈现深绿褐色的釉质光泽。出烟室保存基本完整，呈横长方形立于窑尾，长4.4、宽1.15米。出烟室内设出烟孔4个，由西向东分别长0.7米、0.56米、0.56米和0.75米，均宽0.55米，出烟室底部窑砖满铺，起减少阻力、方便烟流通的作用，进烟孔竖放两层或单层耐火砖，在砖外墙涂有一层耐火料，不见砖缝。

Y7的砌筑方式为利用山坡原有地形加以平整，然后根据窑壁基础所需面积挖槽，进而叠砌两侧窑壁、火膛、窑门、出烟室等，最后将窑体分为六段建成台阶式。前两个窑室的窑壁用小砖砌筑，后四个窑室的窑壁改用中砖砌筑，残高0.2～0.6、厚0.12～0.2米，均以单层砖南北向错缝平铺砌筑，唯砖的尺寸不同，砖缝之间用石灰黏结，窑壁基础立于下挖的浅基槽内土层中。前几段台阶用长24.5、宽12、厚5厘米的小砖砌筑，专烧小件器物，以此递增，最后窑尾部分台阶用长25、宽20、厚6.5厘米的中砖竖铺，后面加一小段细砂，用来烧瓶、罐之类的大件器物。窑砖均为素面长方形，砖块内夹粗砂，质地坚硬，规整而厚实。窑壁外侧对称砌筑14个方形台基，以窑砖砌筑，靠近火膛两侧的台基边长1.25～1.56米，其后的12个台基边长0.85～0.9米。台基用于搭建窑棚，以防风雨，既达到延长窑的使用寿命、减少烧窑时外界天气的影响等目的，同时方便窑工的工作。

Y7的产品为青花瓷，器类有碗、碟、油灯、汤匙等，胎质细腻，胎体坚致，青花呈钴蓝

图 33　石桥区 Y8（上为东南）

色。碗、碟均内底涩圈，层累叠烧，器物柱底部置圆形垫饼。

　　Y8 形制与 Y7 相同，为分室阶级龙窑，方向 325°。开口于第②层下，窑床建于生土之上，残长 6.5、宽 3、残存最高处 0.55 米。该窑残存窑室 2 个，第一窑室残留 10 级台阶，每级台阶上保留 14 ~ 15 个用于垫烧的圆形垫饼，第二窑室共 13 级台阶，每级台阶宽约 0.15、高 0.08 ~ 0.1 米。东壁残存窑门 2 个，宽 0.7 米，"八"字形窑门墙仅保留南侧（图 33）。Y8 的废弃堆积位于窑炉两侧，含有大量灰砂、垫饼、青花瓷片、烧土等。出土瓷器以碗为主，少见杯、盘、汤匙等，纹饰以花草纹为主，胎质洁白细腻，青花呈钴蓝色。

　　3. 产品特征及遗存年代

　　石桥区的窑业遗存可分为四个时期。

　　第一期的年代大体在宋末元初。出土器物以青白釉瓷为大宗，极少酱釉瓷，不见青釉瓷。产品均为芒口覆烧，胎体轻薄，修胎规整（图 34 ~ 37）。

　　第二期的年代大体在元代早期。出土器物以青白釉瓷为大宗，有少量酱釉瓷，几乎不见青釉瓷。新出现鼎式炉、花盆、牧童砚滴、佛像等。碗、盏等圆器仍以芒口覆烧为主，新出

图 34　石桥区出土青白釉盏

图 35　石桥区出土青白釉印花盘

图 36　石桥区出土青白釉束口盏

醴陵窑唐家坳窑址出土瓷器精粹

图 37　石桥区出土青白釉碟

图 38　石桥区出土青白釉瓶

图 39　石桥区出土青白釉牧童砚滴

图 40　石桥区出土青白釉瓶

图 41　石桥区出土青白釉砚滴

图 42　石桥区出土青白釉鬲式炉

图 43　石桥区出土酱釉执壶

图 44　石桥区出土青釉碗

图 45　石桥区出土酱釉炉

图 46　石桥区出土青釉擂钵

图 47　石桥区出土青花碗

图 48　石桥区出土青花碟

图 49　马冲区远景（上为东）　　　　　　　　图 50　马冲区 Y1 窑床上保留的垫钵（北—南）

现涩圈叠烧的饼足盏等。鼎式炉使用高支柱支烧。器物胎体轻薄，修胎规整。执壶、瓶等器物为分段制作（图 38 ~ 43）。

第三期的年代大体在元代中期。此期青白釉瓷仍是主流产品，酱釉瓷数量有所增加，出现了部分青釉瓷，双釉瓷数量较少。酱釉瓷产品种类多样化，见有侈口碗、敞口盏、灯盏、砚滴、砚、罐等。青釉瓷造型上多仿龙泉窑，如折沿碟和折沿盘，部分盘内壁饰一周菊瓣纹，器物底足胎体变得厚重，多采用涩圈叠烧法仰烧，器物与器物之间以略含石英砂的瓷土间隔。双釉瓷有两种类型，一类是延续前期的芒口覆烧双釉瓷，一般外施酱釉，内施青釉，器物胎体轻薄；另一类是涩圈仰烧双釉瓷，为此期新出现的品种，一般外施酱釉，内施青釉或青白釉（图 44 ~ 46）。

第四期的年代为清代。采用分室阶级窑烧造青花瓷，器类包括碗、盏、碟、油灯、汤匙等，青花发色呈钴蓝色。碗、碟内底涩圈（图 47、48）。

（四）马冲区

马冲区发现龙窑 1 座（Y1）及少量窑业废弃堆积（图 49）。

1. 遗迹

Y1 为长斜坡龙窑，方向 345°，底部较平，斜残长 34、水平残长 33.5、宽 2.65 ~ 3.2 米，残存窑床、窑门、窑尾、护窑墙四部分，窑前工作面、火膛无存。

窑床宽窄不一，近窑头处宽 2.65 米，中部宽 2.8 米，窑尾宽 3.2 米。窑顶坍塌。窑床整体呈斜坡状，各段间角度略有差异，越靠窑尾，坡度越缓，越靠窑头，坡度越陡。窑床前部和中部东侧靠窑壁处仍保留有数排摆放整齐、间隔基本一致的圆形垫钵，垫钵呈束腰状，上大下小，顶面和底面均内凹，部分垫钵下还有垫砖（图 50）。窑门均位于窑炉西侧，现存 8 个，均为"八"字形，以砖砌筑（图 51），宽 0.35 ~ 0.55 米，部分窑门墙已被彻底破坏，仅存痕迹。窑尾仅存底部排烟痕迹，从当地村民处得知，其上部原高逾 1 米。窑尾的排烟设施由烟道和挡烟墙组成，烟道以平砖竖砌隔出数个出烟孔，出烟孔长 0.32、宽 0.12 ~ 0.16 米。挡烟墙以单砖横砌，残长 1.7、宽 0.13、残高 0.16 ~ 0.33 米，从现存长度推断，排烟室原南北长 0.19 ~ 0.42、东西宽约 3.2 米（图 52）。因排烟室西侧正中有一窑门，且东西两侧窑墙

图51 马冲区 Y1 六号窑门（东—西）

图52 马冲区 Y1 窑尾排烟室（北—南）

图53 马冲区 Y1 窑门外的护窑墙（东—西）

图54 马冲区 Y1 窑床解剖情况（北—南）

在窑门南侧继续延伸，推测现存排烟设施属于 Y1 的早期部分。护窑墙位于窑壁西侧，近南北向，与窑壁平行，以碎垫钵和窑砖混砌（图53）。护窑墙与两个窑门的窑墙及窑壁围合成一个平面近梯形的区域，推测是堆柴室。

为了解 Y1 内的堆积情况，在 T3 内挖一条探沟（TG1），横跨 Y1。从 T3 及 TG1 的发掘情况来看，堆积可分6层（图54）。

第①层：分布于整个探方内。表土层，厚约 0.1 米，土质疏松，夹杂大量植物根茎，出土瓷片、垫钵等。

第②层：分布于整个探方内，西侧厚，东侧薄。红色黏土层，厚 0.3 ~ 1.1 米，土质疏松，夹杂大量窑业废弃堆积，出土垫钵、碎支圈、瓷片等，瓷器以青白釉瓷为主，其次为酱釉瓷和青釉瓷，器类以碗、盏、盘为主，其中青白釉碗多为芒口器，盘多有印花、划花装饰。Y1 开口于此层下。

第③层：主要分布于 Y1 内，北端较厚。红黄色土层，厚 0.2 ~ 0.45 米，土质疏松，夹杂垮塌的红砖，出土瓷器以酱釉瓷、青白釉瓷为主，器类多为碗。此层属于废弃后的倒塌堆积。

第④层：分布于整个 Y1 内。青灰色烧结面，南壁处厚 0.03 ~ 0.06、北壁处厚 0.02 ~ 0.05 米，土质致密，出土少量青白釉瓷片和火照等。此层为 Y1 废弃前的窑床烧结层。

第⑤层：分布于 Y1 内，东厚西薄。红烧土层，土色灰黄色与暗红色相间，厚 0.1 ~ 0.25

米，出土青白釉瓷片、酱釉瓷片和火照等。此层为烧窑时形成。

第⑥层：分布于 Y1 内。黄砂土层，厚 0.1 ~ 0.15 米，基本不含瓷片等包含物，属于平整山坡建窑时的垫土层。此层下为红色生土。

2.产品特征及遗存年代

马冲区出土器物以支圈覆烧的青白釉瓷为主，兼有少量涩圈叠烧的青釉瓷，部分折沿青釉盘、碟仿龙泉窑特征明显，少见南宋晚期的青白釉芒口深腹碗，芒口浅腹碗、芒口浅腹盘、涩圈饼足盏等的年代已进入元代（图 55 ~ 60）。因此，马冲区的年代主要集中在南宋末年至元代早中期。

马冲区产品装饰纹样分为刻花、印花两大类。南宋末期至元代早期的青白釉碗外壁多刻一周菊瓣纹，盏或杯的内底见有花卉纹印花。青釉瓷常于内壁模印一周菊瓣纹或以简单线条构成划花装饰。

马冲区产品的装烧正处于芒口覆烧至涩圈仰烧的过渡阶段，因此，其产品中芒口器与涩圈器并存。南宋末年至元代早期，马冲区的产品以芒口覆烧为主，胎体轻薄，圈足较浅，这都是出于覆烧工艺的需要。元代早期新出现的高足杯最初亦采用芒口覆烧，但饼足盏已开始使用内底涩圈仰烧。至元代中期，新出现的少量折沿盘、折沿碟、敞口碗等青釉瓷，基本为涩圈叠烧，器物胎体变得厚重，尤其是圈足足墙更加宽厚。

图 55　马冲区出土青白釉盘

图 56　马冲区出土青白釉碟

图 57　马冲区出土青白釉炉

图 58　马冲区出土青釉盘

图 59　马冲区出土青釉高足杯

图 60　马冲区出土酱釉盏

The Tangjia'ao Kiln Site, which was discovered during the third National Cultural Relic Survey, is located in Tangjia'ao Village, Fenglin Town, Liling City, Hunan Province. In 2010, to cooperate with the construction of the Liu-Li Expressway, the Hunan Provincial Institute of Cultural Relics and Archaeology, the Zhuzhou Cultural Relics Bureau, the Zhuzhou Museum, the Liling Cultural Relics Bureau, and others carried out a rescue excavation of the Kiln Site. The project discovered several kiln sites of the Qingbai (greenish-white) porcelain dating to the Song and Yuan Dynasties and kilns of the blue-and-white porcelain dating to the Qing Dynasty. The unearthed Song and Yuan Qingbai porcelain is of high quality, and the Longquan-style celadon of the Yuan Dynasty is highly distinctive as well, making the Tangjia'ao an important site of the Liling Kiln.

Archaeologists divided the site into four excavation areas - Lijia'ao, Lijianong, Shiqiao, and Machong, in light of the local topography. The richest findings were gained in the Shiqiao area, including six dragon kilns in superposition relationships of the Song and Yuan Dynasties and two kilns of blue-and-white porcelain dating to the Qing Dynasty, from which unearthed considerable Qingbai, some brown-glazed, and a little celadon and blue-and-white wares, rich in types and exquisite in decorations; the remains can be generally divided into four periods: the end of Song and the beginning of Yuan, the early Yuan, the mid-Yuan, and the Qing Dynasty. Findings from the Lijia'ao area are mainly accumulations of kiln-related waste, including six ash pits and one ditch of the Song and Yuan Dynasties; unearthed wares are mainly Qingbai with a minuscule amount of brown-glazed and bicolor-glazed porcelain, nearly no celadon; the remains appropriately of the end of Song and early Yuan Dynasties. In the Machong area, one dragon kiln and some waste accumulations were found, furnaces are relatively well-preserved, mainly for firing Qingbai and a little celadon, dating from the end of Song to the early and middle Yuan Dynasty. Stratigraphic accumulations are uncomplicated in the Lijianong area, only found some workshop remains.

Archaeological surveys and excavations in recent years indicate that porcelain production had switched on in the Liling area as early as the Five Dynasties but not been able to grow into large-scale kilns. After the interruption in the Northern Song Dynasty, from the Southern Song to the Yuan Dynasty, the Liling Kiln rapidly flourished and reconfigured the kiln industry in Hunan area at the time. It was suspended again from the late Yuan to the Ming Dynasty but recovered in the early Qing Dynasty and persisting until now. The scientific archaeological excavation of the Tangjia'ao Kiln Site in 2010 firstly traced back the production history of the Liling Kiln to the Song Dynasty, placing great significance on studies of the Liling Kiln and the development of the porcelain industry in Hunan area.

青白釉划花深腹碗 （李 T7H3：28）
Qingbai Deep Bowl with Incised Design

宋末元初
Late Song / Early Yuan Dynasty

口径 14.8 厘米　足径 7.8 厘米　高 5.2 厘米

敞口，方唇，深弧腹，圈足。内壁及内底划草叶纹。灰白
胎，胎质较细，胎体坚致。青白釉泛灰。芒口，底足露胎。
外壁粘连同类器残片。

青白釉划花深腹碗 （李 T7H3：28）
Qingbai Deep Bowl with Incised Design

宋末元初
Late Song / Early Yuan Dynasty

青白釉划花深腹碗 （李 T11H3：114）
Qingbai Deep Bowl with Incised Design

宋末元初
Late Song / Early Yuan Dynasty

口径 14.4 厘米 足径 4.8 厘米 高 6.8 厘米

侈口，方唇，深弧腹，圈足，足墙较直。内壁及内底划花卉纹。灰白胎，胎质较细，胎体坚致。青白釉泛灰。芒口，底足露胎。

004　**青白釉莲瓣纹深腹碗**（李 T11H3：42）
Qingbai Deep Bowl Decorated with Lotus Petals

宋末元初
Late Song / Early Yuan Dynasty

口径 15.0 厘米　足径 4.9 厘米　高 6.9 厘米

敞口，方唇，深弧腹，圈足。内壁印三层莲瓣纹。灰白胎，胎质细腻，胎体轻薄。青白釉，釉色莹润有光泽。芒口，底足露胎。

003　**青白釉莲瓣纹深腹碗**（马 T8②：13）
Qingbai Deep Bowl Decorated with Lotus Petals

宋末元初
Late Song / Early Yuan Dynasty

口径 15.1 厘米　足径 4.4 厘米　高 6.0 厘米

口沿变形。侈口，方唇，深弧腹，矮圈足。内底饰一周凹弦纹，外壁刻莲瓣纹，莲瓣两头尖、中间宽，中部凸起。灰白胎，胎质细腻，胎体坚致。青白釉。芒口，底足露胎。

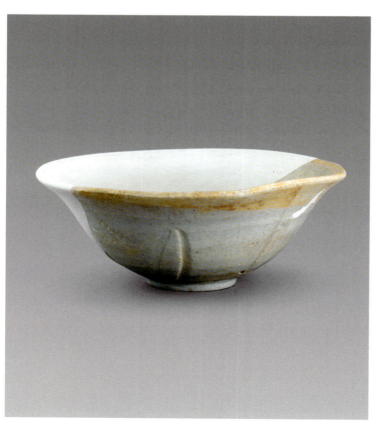

青白釉菊瓣纹深腹碗 （石 T127 ⑤：11）

Qingbai Deep Bowl Decorated with Chrysanthemum Petals

宋末元初

Late Song / Early Yuan Dynasty

口径 15.5 厘米　足径 5.1 厘米　高 6.2 厘米

口微侈，方唇，深弧腹，矮圈足。内底边缘有一周凹弦纹，外壁削刻一周菊瓣纹。灰白胎，胎质细腻，胎体坚致。青白釉，釉色莹润有光泽。芒口，底足露胎。

青白釉菊瓣纹深腹碗 （石 T127 ⑤：11）

Qingbai Deep Bowl Decorated with Chrysanthemum Petals

青白釉菊瓣纹深腹碗 （石 T125⑤：2）
Qingbai Deep Bowl Decorated with Chrysanthemum Petals

宋末元初
Late Song / Early Yuan Dynasty

口径 14.8 厘米 足径 4.2 厘米 高 6.4 厘米

口微侈，方唇，深弧腹，圈足。内底边缘有一周凹弦纹，外壁刻一周菊瓣纹。灰白胎，胎质细腻，胎体坚致。青白釉，釉面有气孔。芒口，底足露胎。

青白釉菊瓣纹深腹碗 （石 T125⑤：2）
Qingbai Deep Bowl Decorated with Chrysanthemum Petals

007 　　**青白釉菊瓣纹深腹碗** （石 T127 ⑤ : 10）
Qingbai Deep Bowl Decorated with Chrysanthemum Petals

宋末元初
Late Song / Early Yuan Dynasty

口径 15.3 厘米　足径 5.0 厘米　高 7.2 厘米

敞口，斜方唇，深弧腹，圈足。内底边缘有一周凹弦纹，
外壁削刻一周菊瓣纹。灰白胎，胎质细腻，胎体坚致。青
白釉，釉色明亮，玻璃质感强，釉面有开片。芒口，底足
露胎。

008 **生烧深腹碗** （石 T126 ⑤ : 5）
Underfired Deep Bowl

宋末元初
Late Song / Early Yuan Dynasty

口径 14.3 厘米 足径 6.3 厘米 高 8.1 厘米

直口，方唇外斜，深弧腹，圈足。灰白胎，胎质细腻。釉色泛灰白。芒口，底足露胎。

009 **青白釉深腹碗** （石 T127 ⑤ : 8）
Qingbai Deep Bowl

宋末元初
Late Song / Early Yuan Dynasty

口径 16.7 厘米 足径 5.5 厘米 高 7.7 厘米

口微侈，方唇，深弧腹，圈足。灰白胎，胎体坚致。青白釉。芒口，底足露胎。

青白釉深腹碗 （石 T127 ⑥ : 3）
Qingbai Deep Bowl

宋末元初
Late Song / Early Yuan Dynasty

口径 20.0 厘米　足径 6.2 厘米　高 8.0 厘米

侈口，方唇，深弧腹，矮圈足。米白胎，胎质细腻。青白釉，
釉面有细碎开片。芒口，底足露胎。

011 　　青白釉深腹碗 （李 T7H3：94）
Qingbai Deep Bowl

宋末元初
Late Song / Early Yuan Dynasty

口径 14.2 厘米　足径 4.4 厘米　高 6.4 厘米

侈口，方唇，深弧腹，矮圈足。内底边缘有一周凹弦纹。
灰白胎，胎质细腻，胎体坚致。青白釉泛灰，釉面有开片。
芒口，底足露胎。

青白釉深腹碗 （李 T7H3：94）
Qingbai Deep Bowl

宋末元初
Late Song / Early Yuan Dynasty

012 **青白釉深腹碗** （石T105采：5）
Qingbai Deep Bowl

宋末元初
Late Song / Early Yuan Dynasty

口径 19.0 厘米　足径 6.7 厘米　高 9.2 厘米

侈口，方唇，深弧腹，圈足。灰白胎，胎体坚致。青白釉，
釉色明亮。内外满釉，芒口。

013 **青白釉深腹碗** （石 T127 ② : 4）
Qingbai Deep Bowl

元代早期
Early Yuan Dynasty

口径 14.8 厘米　足径 4.6 厘米　高 7.3 厘米

侈口，圆唇，深弧腹，饼足内凹。米白胎，胎质较粗，胎体坚致。青白釉，釉面有细碎开片。内底圆形刮釉，外施釉至下腹部。

014 **青白釉深腹碗** （马 T4 扩 ② : 20）
Qingbai Deep Bowl

元代早期
Early Yuan Dynasty

口径 16.0 厘米　足径 6.2 厘米　高 7.4 厘米

侈口，圆唇，深弧腹，圈足。米白胎，胎质较粗，多气孔。青白釉泛灰。内底涩圈，外施釉至下腹部。外壁粘连黑点落灰。

青白釉菊瓣纹浅腹碗 （石 T127 ⑤：24）

Qingbai Shallow Bowl Decorated with Chrysanthemum Petals

宋末元初
Late Song / Early Yuan Dynasty

口径 16.1 厘米 足径 4.8 厘米 高 5.1 厘米

敞口，斜方唇，浅弧腹，圈足。内底边缘有一周凹弦纹，
外壁削刻一周菊瓣纹。灰白胎，胎质细腻，胎体坚致。青
白釉，釉色莹润有光泽，釉面有开片。芒口，底足露胎。

016　　**青白釉菊瓣纹浅腹碗** （石 T126 ⑤：15）
Qingbai Shallow Bowl Decorated with Chrysanthemum Petals

宋末元初
Late Song / Early Yuan Dynasty

口径 16.0 厘米　足径 5.0 厘米　高 4.5 厘米

敞口，方唇，浅弧腹，圈足。外壁削刻一周菊瓣纹。灰白胎，胎质细腻，胎体坚致。青白釉，釉色莹润。芒口，底足露胎。

017　　**青白釉浅腹碗** （石 T105 东隔梁③：9）
Qingbai Shallow Bowl

元代早期
Early Yuan Dynasty

口径 14.6 厘米　足径 4.5 厘米　高 3.8 厘米

口微侈，方唇，浅弧腹，矮圈足。米白胎，胎质细腻，胎体坚致。青白釉泛灰黄，釉面有细碎开片。芒口，底足露胎。外壁可见旋削痕。

青白釉浅腹碗 （石 T115 ③：68）

Qingbai Shallow Bowl

元代早期

Early Yuan Dynasty

口径 14.6 厘米　足径 4.0 厘米　高 3.9 厘米

口微侈，方唇，浅弧腹，矮圈足。内底边缘有一周凸弦纹，
内底中心微凹。灰白胎，胎质略粗，胎体坚致。青白釉泛灰。
芒口，底足露胎。器内粘大量落灰窑渣。

青白釉划花折腹碗 （李 T11H3：69）
Qingbai Bowl with Folded Body and Incised Design

元代早期
Early Yuan Dynasty

口径 17.2 厘米 足径 5.6 厘米 高 5.0 厘米

敞口，方唇，斜直腹，下腹向内折收，矮圈足。内底有草叶纹划花，边缘有一周凹弦纹。灰白胎，胎质细腻，胎体坚致。青白釉泛黄，釉面有细碎开片。芒口，足底粘连同类器物足部残片，粘连处积釉，足部残片底足露胎。

020　　**青白釉折腹碗**（石T126⑤：3）
Qingbai Bowl with Folded Body

元代早期
Early Yuan Dynasty

口径 22.7 厘米　足径 6.9 厘米　高 5.5 厘米

侈口，方唇，斜直腹，近底处折收，圈足外撇。灰白胎，
胎质略粗，胎体坚致。青白釉泛灰。芒口，底足露胎。

021　　**青白釉划花碗**（李T7H3：114）
Qingbai Bowl with Incised Design

元代早期
Early Yuan Dynasty

口径 17.5 厘米　足径 5.4 厘米　高 5.9 厘米

侈口，弧腹，圈足。内壁划花卉纹，内底边缘有一周凹弦
纹。灰白胎，胎体坚致。青白釉，釉色明亮，釉面有开片。
芒口，底足露胎。

青白釉印花碗 （石 T114 北隔梁③：3）
Qingbai Bowl with Moulded Design

宋末元初
Late Song / Early Yuan Dynasty

口径 18.0 厘米 足径 5.1 厘米 高 6.2 厘米

敞口，斜方唇，弧腹，圈足。内壁及内底印花卉纹。灰白胎，
胎质细腻。青白釉，釉色莹润。内外满釉，芒口。

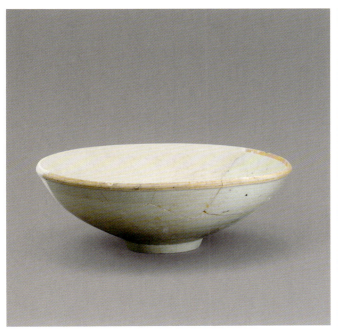

青白釉菊瓣纹刻花碗 （李弄 T111②：1）
Qingbai Bowl with Carved Chrysanthemum Petals

宋末元初
Late Song / Early Yuan Dynasty

口径 16.2 厘米　足径 4.6 厘米　高 6.2 厘米

侈口，方唇，弧腹，矮圈足。内底边缘有一周凹弦纹，外壁削刻一周菊瓣纹。灰白胎，胎质细腻，胎体坚致。青白釉泛灰，釉面有开片。芒口，底足露胎。

023

青白釉菊瓣纹刻花碗 （马采：6）
Qingbai Bowl with Carved Chrysanthemum Petals

宋末元初
Late Song / Early Yuan Dynasty

足径 5.1 厘米　残高 3.7 厘米

腹部以上残。弧腹，圈足。外壁刻菊瓣纹，外底刻"庄"字。灰白胎，胎质细腻，胎体坚致。青白釉，釉色黯淡，有杂斑，圈足内釉色明亮。内外满釉。内底和足端有圈足粘连痕。

青白釉菊瓣纹刻花碗 （石Y1⑥：2）
Qingbai Bowl with Carved Chrysanthemum Petals

元代早期
Early Yuan Dynasty

口径 15.6 厘米　足径 4.8 厘米　高 6.2 厘米

口微侈，方唇，弧腹，矮圈足。内底边缘有一周凹弦纹，内底中心微凹，外壁削刻一周菊瓣纹。灰白胎，胎质细腻，胎体坚致。青白釉，釉层不匀，釉面有开片，积釉处呈青绿色。芒口，底足露胎。

青白釉菊瓣纹刻花碗 （石 T115 ③ : 51）
Qingbai Bowl with Carved Chrysanthemum Petals

元代早期
Early Yuan Dynasty

口径 16.0 厘米　足径 4.0 厘米　高 6.2 厘米

口微侈，方唇，弧腹，圈足。内底边缘有一周凹弦纹，内底中心微凹，外壁削刻一周菊瓣纹。灰白胎，胎质细腻，胎体坚致。青白釉，釉面局部开片且有气孔。芒口，底足露胎。

青白釉涩圈碗 （李 T7H3：96）

Qingbai Bowl with an Unglazed Ring on the Inner Base

元代早期
Early Yuan Dynasty

口径 16.6 厘米 足径 7.4 厘米 高 5.6 厘米

敞口，尖圆唇，斜直腹，圈足。灰白胎。青白釉泛灰。内
底涩圈，外施釉至下腹部。

青白釉涩圈碗 （石采：26）
Qingbai Bowl with an Unglazed Ring on the Inner Base

元代早期
Early Yuan Dynasty

口径 18.3 厘米　足径 5.8 厘米　高 7.2 厘米

敞口，圆唇，弧腹，圈足。灰白胎，胎质细腻。青白釉，
釉色明亮，釉面有开片。内底涩圈，外施釉至腹足交界处。

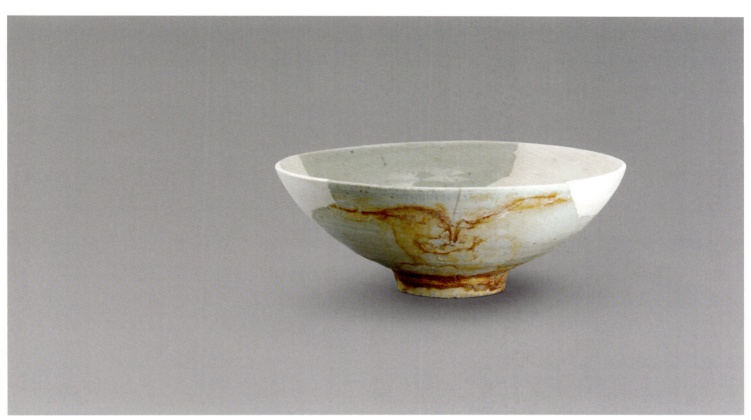

青白釉涩圈碗 （石采：26）
Qingbai Bowl with an Unglazed Ring on the Inner Base

元代早期
Early Yuan Dynasty

029 **青白釉侈口碗** （马 T12②：6）
Qingbai Bowl with Everted Rim

元代早期
Early Yuan Dynasty

口径 18.5 厘米　足径 5.8 厘米　高 6.8 厘米

侈口，方唇，弧腹，矮圈足，足墙窄。内底边缘有一周凹
弦纹，口沿处内外各旋削一周。灰白胎，胎质细腻，胎体
坚致。青白釉泛黄。芒口，底足局部露胎。

030 **青白釉侈口碗** （石 Y1⑦：6）
Qingbai Bowl with Everted Rim

元代早期
Early Yuan Dynasty

口径 15.2 厘米　足径 4.4 厘米　高 5.8 厘米

侈口，方唇，弧腹，矮圈足。灰白胎，胎质较细，胎体坚致。
青白釉。芒口，底足露胎。外壁下腹部有跳刀痕。

031

青白釉侈口碗 （石 T115 ③：48）
Qingbai Bowl with Everted Rim

元代早期
Early Yuan Dynasty

口径 17.4 厘米　足径 5.1 厘米　高 6.4 厘米

侈口，方唇，弧腹，圈足。内底施釉前旋削一周。米白胎，胎质细腻，胎体坚致。青白釉。内外满釉，芒口，口部刮釉后施一周酱色釉。

032　　**青白釉侈口大碗** （石 T127②：28）
Large Qingbai Bowl with Everted Rim

元代中期
Middle Yuan Dynasty

口径 25.4 厘米　足径 8.4 厘米　高 9.0 厘米

侈口，方唇，弧腹，内底微凹，矮圈足。浅红胎，胎质细腻。
青白釉，釉色泛灰，釉面有细碎开片。芒口，底足露胎。

青白釉侈口大碗 （石采：77）
Large Qingbai Bowl with Everted Rim

元代中期
Middle Yuan Dynasty

口径 24.9 厘米　足径 7.9 厘米　高 8.6 厘米

侈口，方唇，弧腹，内底微凹，矮圈足。灰白胎，胎质较细，
胎体坚致。青白釉，釉面有开片。芒口，底足露胎。

034　**青白釉侈口大碗** （石采：19）
Large Qingbai Bowl with Everted Rim

元代中期
Middle Yuan Dynasty

口径 25.4 厘米　足径 9.2 厘米　高 8.4 厘米

侈口，方唇，弧腹，矮圈足。外底有划花。灰白胎，胎质
较细。米白色釉。芒口，底足露胎。

035　**青白釉侈口大碗** （石 T116②：36）
Large Qingbai Bowl with Everted Rim

元代中期
Middle Yuan Dynasty

口径 27.8 厘米　足径 7.0 厘米　高 5.5 厘米

口微侈，方唇，浅弧腹，矮圈足。灰白胎，胎质细腻，胎
体坚致。青白釉泛黄，釉面有细碎开片。芒口，底足露胎。
外壁多粘连窑渣。

青白釉菊瓣纹刻划花大碗 （马采：9）
Large Qingbai Bowl with Carved Chrysanthemum Petals and Incised Design

元代中期
Middle Yuan Dynasty

口径 18.0 厘米　足径 6.6 厘米　高 7.0 厘米

敞口，圆唇，弧腹，圈足。内壁有划花装饰，外壁刻划一周
菊瓣纹。白胎泛黄。青白釉泛黄。内底涩圈，外施釉至下腹部。

青白釉菊瓣纹刻划花大碗 （马采：9）
Large Qingbai Bowl with Carved Chrysanthemum Petals and Incised Design

037　**青白釉束口盏** （李 T7H3：77）
Qingbai Tea Bowl with Waisted Mouth

元代早期
Early Yuan Dynasty

口径 9.8 厘米　足径 4.6 厘米　高 4.6 厘米

口微侈，圆唇，口下微束，斜腹，圈足微撇。灰白胎，胎质
较细。青白釉泛灰。内满釉，外施釉至下腹部。内底有旋削痕，
器表粘连窑渣落灰。

038　**青白釉束口盏** （马 T3 西扩②：75）
Qingbai Tea Bowl with Waisted Mouth

元代早期
Early Yuan Dynasty

口径 10.8 厘米　足径 3.6 厘米　高 4.6 厘米

侈口，口下收束，斜腹，下腹急收，饼足内凹。灰白胎，胎
体坚致。青白釉，釉色明亮有光泽，施釉均匀。内满釉，外
施釉至下腹部。

039　**青白釉束口盏** （石Y1⑥：4）
Qingbai Tea Bowl with Waisted Mouth

元代早期
Early Yuan Dynasty

口径 10.8 厘米　足径 3.8 厘米　高 5.7 厘米

侈口，尖圆唇，口下收束，斜腹，饼足内凹。米白胎，胎质细腻，胎体坚致。青白釉，釉面有细碎开片。内满釉，外施釉至下腹部。

040　**青白釉敛口盏** （李T7④：1）
Qingbai Tea Bowl with Inverted Rim

元代早期
Early Yuan Dynasty

口径 12.6 厘米　足径 4.8 厘米　高 6.0 厘米

口微敛，方唇，上腹微束，下腹弧收，饼足内凹。生烧，粉红胎。青白釉泛黄，釉色黯淡。内满釉，外施釉至足部。

041 **青白釉圈足盏** （李 T11② : 2）

Qingbai Tea Bowl with Ring Foot

宋末元初
Late Song / Early Yuan Dynasty

口径 12.5 厘米　足径 4.7 厘米　高 4.9 厘米

敞口，方唇，斜弧腹，矮圈足，挖足极浅。内底边缘有一
周凹弦纹。灰白胎，胎质细腻，胎体轻薄。青白釉泛灰。
芒口，底足露胎。

青白釉圈足盏 （石 T117 ⑤：2）
Qingbai Tea Bowl with Ring Foot

元代早期
Early Yuan Dynasty

口径 9.3 厘米　足径 3.6 厘米　高 4.5 厘米

敞口近直，方唇，弧腹，浅圈足。内壁刻荷叶脉纹。灰白胎，胎体轻薄。青白釉，釉色明亮，玻璃质感强。芒口，底足露胎。

青白釉圈足盏 （石 T127 ⑥：7）

Qingbai Tea Bowl with Ring Foot

元代早期

Early Yuan Dynasty

口径 9.6 厘米　足径 4.1 厘米　高 5.0 厘米

敞口，弧腹，圈足外撇。灰白胎，胎体轻薄。青白釉略泛黄，釉面有细碎开片。内外满釉，芒口，圈足内局部露胎。

青白釉圈足盏 （石T115③：8）
Qingbai Tea Bowl with Ring Foot

元代早期
Early Yuan Dynasty

口径 8.8 厘米　足径 3.6 厘米　高 4.9 厘米

敞口，小方唇，弧腹，圈足外撇。灰白胎，胎质细腻，胎体坚致。青白釉，釉色莹润。内外满釉，芒口。

青白釉圈足盏 （石T115③：8）
Qingbai Tea Bowl with Ring Foot

元代早期
Early Yuan Dynasty

青白釉圈足盏 （石T115②：7）
Qingbai Tea Bowl with Ring Foot

元代早期
Early Yuan Dynasty

口径 9.5 厘米　足径 3.8 厘米　高 5.0 厘米

侈口，方唇，弧腹，圈足外撇，外底心凸起。灰白胎，胎体坚致。青白釉泛灰。内外满釉，芒口。外壁可见旋削痕，器表粘砂及窑渣。

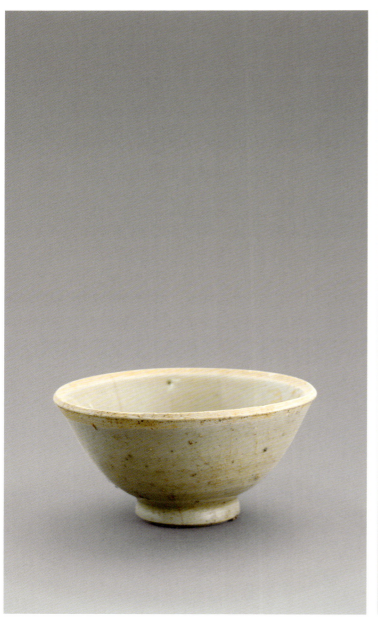

青白釉圈足盏 （石 T116④：3）
Qingbai Tea Bowl with Ring Foot

元代早期
Early Yuan Dynasty

口径 9.4 厘米　足径 3.5 厘米　高 5.1 厘米

敞口，小方唇，弧腹，圈足外撇，外底心凸起。灰白胎，
胎质细腻，胎体坚致。青白釉，釉面起泡。内外满釉，芒口。
外壁有落灰和黑斑。

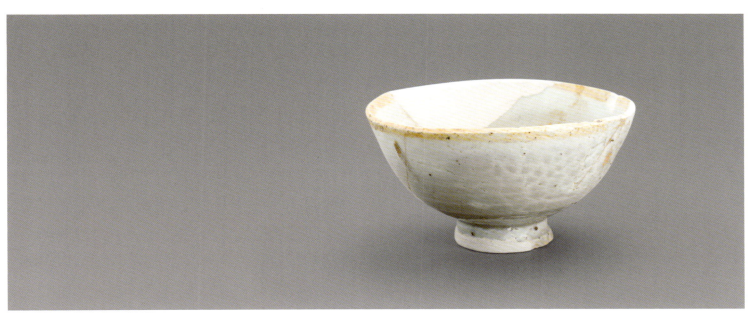

青白釉饼足盏 （石 T127④：6）
Qingbai Tea Bowl with Biscuit Foot

元代早期
Early Yuan Dynasty

口径 13.4 厘米　足径 4.5 厘米　高 5.1 厘米

敞口，圆唇，斜弧腹，饼足微内凹。灰白胎，胎体轻薄坚致。
青白釉，釉色明亮有光泽，釉面有细碎开片。内底涩圈，
外施釉至下腹部。

青白釉饼足盏 （石T122②：8）

Qingbai Tea Bowl with Biscuit Foot

元代早期

Early Yuan Dynasty

口径9.2厘米 足径3.6厘米 高5.0厘米

敞口，圆唇，弧腹，饼足内凹。灰白胎，胎质细腻，胎体坚致。青白釉，釉面有细碎开片。内满釉，外施釉至下腹部。内外皆有粘连、开裂。

青白釉饼足盏 （石T122②：8）

Qingbai Tea Bowl with Biscuit Foot

元代早期

Early Yuan Dynasty

青白釉饼足盏 （石 T127⑤：6）

Qingbai Tea Bowl with Biscuit Foot

元代早期

Early Yuan Dynasty

口径 13.0 厘米　足径 3.8 厘米　高 4.8 厘米

侈口，弧腹，饼足内凹。灰白胎。青白釉，釉面有开片。
内底涩圈，外施釉至下腹部。

050　　　**青白釉饼足盏** （石 T116 ② : 24）
Qingbai Tea Bowl with Biscuit Foot

元代早期
Early Yuan Dynasty

口径 12.0 厘米　足径 4.3 厘米　高 4.8 厘米

侈口，圆唇，斜弧腹，饼足内凹。米白胎，胎质细腻，胎体坚致。青白釉，釉面有细碎开片。内底涩圈，外施釉至下腹部。

051　　　**青白釉饼足盏** （石 T115 ③ : 94）
Qingbai Tea Bowl with Biscuit Foot

元代早期
Early Yuan Dynasty

口径 11.8 厘米　足径 4.1 厘米　高 4.2 厘米

敞口，方唇，斜弧腹，饼足，足沿斜削。灰白胎，胎体坚致。青白釉，釉色莹润。内底圆形露胎，外施釉至中腹部。

052 　青白釉饼足盏 （石 T115②：1）
Qingbai Tea Bowl with Biscuit Foot

元代早期
Early Yuan Dynasty

口径 11.4 厘米　足径 4.1 厘米　高 3.7 厘米

敞口，方唇，斜弧腹，饼足。灰白胎，胎体坚致。青白釉，
釉色明亮，釉面有开片。内底圆形露胎，外施釉至中腹部。
内壁有多处火石红。

053　**青白釉饼足盏**　（石采：12）
Qingbai Tea Bowl with Biscuit Foot

元代早期
Early Yuan Dynasty

口径 11.0 厘米　足径 3.7 厘米　高 4.9 厘米

侈口，圆唇，弧腹，饼足内凹。灰白胎，胎质细腻，胎体坚致。青白釉，釉面有开片。内满釉，外施釉至下腹部。

054　**青白釉饼足盏**　（石 T117①：3）
Qingbai Tea Bowl with Biscuit Foot

元代早期
Early Yuan Dynasty

口径 13.0 厘米　足径 3.8 厘米　高 4.8 厘米

敞口，方唇，浅弧腹，饼足内凹。灰白胎，胎质细腻，胎体坚致。青白釉，釉面有细碎开片。内底圆形露胎，外施釉至中腹部。外壁可见旋削痕。

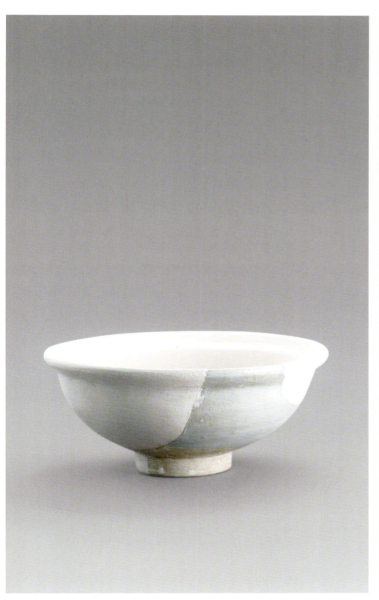

056　青白釉饼足盏 （石采：27）
Qingbai Tea Bowl with Biscuit Foot

元代早期
Early Yuan Dynasty

口径 11.3 厘米　足径 3.9 厘米　高 3.7 厘米

敞口，尖圆唇，斜弧腹，饼足微内凹。灰白胎，胎体坚致。青白釉，釉色明亮有光泽，釉面有开片。内满釉，外施釉至下腹部。

055　青白釉饼足盏 （石采：56）
Qingbai Tea Bowl with Biscuit Foot

元代早期
Early Yuan Dynasty

口径 12.6 厘米　足径 3.8 厘米　高 4.4 厘米

侈口，方唇，斜弧腹，矮饼足。灰白胎，胎体坚致。青白釉，釉色莹润。内外满釉，芒口。外壁可见跳刀痕。

057   **青白釉饼足盏** （石采：50）
Qingbai Tea Bowl with Biscuit Foot

元代早期
Early Yuan Dynasty

口径 10.7 厘米 足径 3.7 厘米 高 4.0 厘米

敞口，方唇，斜弧腹，饼足。灰白胎，胎体坚致。青白釉，
釉色明亮。内底近圆形露胎，外施釉至下腹部。内底有圆
形饼足叠烧痕。

058   **青白釉饼足盏** （石Y3：3）
Qingbai Tea Bowl with Biscuit Foot

元代早期
Early Yuan Dynasty

口径 11.5 厘米 足径 3.1 厘米 高 4.6 厘米

敞口，方唇，腹微弧，饼足微内凹。米白胎，胎质细腻，
胎体坚致。青白釉，釉面有细碎开片。内底圆形露胎，外
施釉至下腹部。外壁可见旋削痕。

青白釉莲纹印花盏 （马 T2 扩② : 18）
Qingbai Tea Bowl with Moulded Lotus Decoration

元代早期
Early Yuan Dynasty

口径 9.8 厘米　足径 6.6 厘米　高 5.7 厘米

敞口，方唇，弧腹，圈足外撇。内壁模印双层莲瓣纹，内底戳印莲子纹。灰白胎，胎质细腻，胎体坚致。青白釉。内外满釉，芒口。

青白釉花卉纹印花盏 （石 Y3：1）
Qingbai Tea Bowl with Moulded Floral Decoration

元代早期
Early Yuan Dynasty

口径 8.8 厘米　足径 3.0 厘米　高 4.4 厘米

侈口，方唇，弧腹，饼足，足沿斜削。内底模印放射状花卉纹。米白胎，胎体坚致。青白釉，釉色莹润，釉面有开片。内外满釉，芒口。

青白釉花卉纹印花盏 （石 Y3：1）
Qingbai Tea Bowl with Moulded Floral Decoration

青白釉印花斗笠盏 （石 T115③：61）
Qingbai Conical Tea Bowl with Moulded Design

元代早期
Early Yuan Dynasty

口径 13.0 厘米　底径 2.4 厘米　高 4.2 厘米

敞口，方唇，斜腹微弧，平底微凹。内壁下部有花蕊丝印花。米白胎，胎质细腻，胎体坚致。青白釉，釉面有开片。内外满釉，芒口。

062　　**青白釉印花斗笠盏** （石 T115 ③ : 55）
Qingbai Conical Tea Bowl with Moulded Design

元代早期
Early Yuan Dynasty

口径 12.8 厘米　底径 2.4 厘米　高 4.1 厘米

敞口，方唇，斜腹微弧，平底微凹。内壁下部有花蕊丝印
花。米白胎，胎质细腻，胎体坚致。青白釉，釉面有开片。
内外满釉，芒口。

063 **青白釉划花盘** （李 T11H3：73）
Qingbai Dish with Incised Design

元代早期
Early Yuan Dynasty

口径 17.6 厘米 足径 5.2 厘米 高 3.4 厘米

侈口，方唇，折腹，圈足。内底有花卉纹划花。灰白胎。
青白釉，釉面有开片。芒口，底足露胎。

064　青白釉划花盘 （李 T11H3：72）
Qingbai Dish with Incised Design

元代早期
Early Yuan Dynasty

口径 16.8 厘米　足径 5.2 厘米　高 5.0 厘米

口部变形。侈口，方唇，弧腹，圈足。内底有花卉纹划花。
灰白胎，胎质细腻，胎体坚致。青白釉泛灰。芒口，底足
露胎。

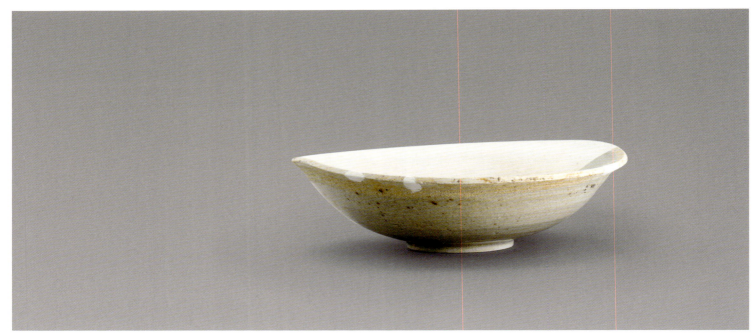

青白釉划花盘 （李 T11H3：72）
Qingbai Dish with Incised Design

元代早期
Early Yuan Dynasty

青白釉菊瓣纹印花盘 （马T2扩②：11）
Qingbai Dish with Moulded Chrysanthemum Petals

宋末元初
Late Song / Early Yuan Dynasty

口径 18.4 厘米　足径 10.3 厘米　高 3.6 厘米

侈口，方唇，浅弧腹，浅圈足。内壁印一周菊瓣纹，内底有莲荷纹等印花。灰白胎，胎体坚致。青白釉，釉色莹润。芒口，外底圆形露胎。内底粘连器物底足，外壁有火石红。

青白釉菊瓣纹印花盘 （李 T7H3：90）
Qingbai Dish with Moulded Chrysanthemum Petals

宋末元初
Late Song / Early Yuan Dynasty

口径 18.1 厘米　底径 11.6 厘米　高 3.3 厘米

敞口，方唇，斜腹微弧，平底。内壁由上及下依次模印回
纹和菊瓣纹各一周，内底四角弧形开光内模印折枝花卉纹，
中心菱形内模印正面展开的折枝花卉纹。灰白胎，胎体坚
致。青白釉，釉色莹润有光泽。芒口，外底局部露胎。外
底粘连其他青白釉瓷残片。

青白釉菊瓣纹印花盘 （李 T11H3：113）
Qingbai Dish with Moulded Chrysanthemum Petals

宋末元初
Late Song / Early Yuan Dynasty

口径 17.6 厘米 底径 11.4 厘米 高 3.2 厘米

敞口，方唇，斜腹微弧，平底。内壁由上及下依次模印回纹和菊瓣纹各一周，内底四角弧形开光内模印折枝花卉纹，中心菱形内模印正面展开的折枝花卉纹。青白胎，胎质细腻，胎体坚致。青白釉。芒口，外底圆形露胎。内口沿粘连部分支圈。

068 **青白釉菊瓣纹印花盘** （石 T117⑥：1）
Qingbai Dish with Moulded Chrysanthemum Petals

宋末元初
Late Song / Early Yuan Dynasty

口径 17.5 厘米　足径 8.2 厘米　高 3.9 厘米

口微侈，方唇，弧腹，浅圈足。内壁模印一周菊瓣纹，内底有模印纹饰。灰白胎，胎体坚致。青白釉，釉色莹润。芒口，外底圆形露胎。

069 **青白釉菊瓣纹印花盘** （石 T125⑤：3）
Qingbai Dish with Moulded Chrysanthemum Petals

宋末元初
Late Song / Early Yuan Dynasty

口径 17.5 厘米　足径 11.2 厘米　高 3.5 厘米

敞口，方唇，弧腹，浅圈足。内壁模印一周菊瓣纹，内底心模印折枝莲纹，其外模印一周花叶纹。灰白胎，胎体坚致。青白釉，釉色莹润。芒口，外底圆形露胎。

青白釉印花盘 （石采：21）
Qingbai Dish with Moulded Design

元代早期
Early Yuan Dynasty

口径 17.4 厘米　足径 5.1 厘米　高 4.3 厘米

敞口，方唇，弧腹，圈足。内壁有莲荷纹印花。灰白胎，胎体坚致。青白釉，釉色明亮，釉面有细碎开片。内外满釉，芒口，足端刮釉。

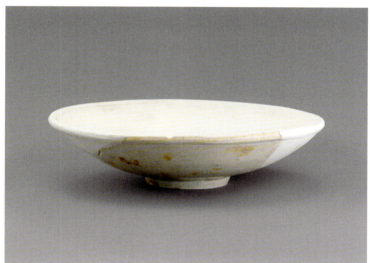

青白釉菊瓣纹盘 （石 T125⑤：4）

Qingbai Dish Decorated with Chrysanthemum Petals

元代早期

Early Yuan Dynasty

口径 15.5 厘米 足径 5.0 厘米 高 4.1 厘米

敞口，方唇，弧腹，矮圈足。内底微凹，外壁削刻一周菊瓣纹。
灰白胎，胎质较细，胎体坚致。青白釉。芒口，底足露胎。

青白釉菊瓣纹盘 （石 T125⑤：4）

Qingbai Dish Decorated with Chrysanthemum Petals

青白釉菊瓣纹盘 （马T2扩②：77）
Qingbai Dish Decorated with Chrysanthemum Petals

元代早期
Early Yuan Dynasty

口径 16.6 厘米 足径 4.4 厘米 高 4.8 厘米

敞口，方唇，弧腹，圈足。内底微凹，外壁削刻一周菊瓣纹。
灰白胎，胎质较细，胎体坚致。青白釉泛灰，釉面有细碎
开片。芒口，底足露胎。

073 **青白釉菊瓣纹盘** （马T1扩②：21）
Qingbai Dish Decorated with Chrysanthemum Petals

元代早期
Early Yuan Dynasty

口径 17.9 厘米　足径 5.5 厘米　高 5.0 厘米

敞口，方唇，弧腹，圈足。内底微凹，外壁削刻一周菊瓣纹。灰白胎，胎体坚致。青白釉。芒口，底足露胎。

074 **青白釉莲瓣纹盘** （石T115③：53）
Qingbai Dish Decorated with Lotus Petals

元代早期
Early Yuan Dynasty

口径 20.3 厘米　足径 10.6 厘米　高 4.8 厘米

侈口，方唇，弧腹，圈足。外壁剔刻一周莲瓣纹。米白胎，胎质细腻，胎体坚致。青白釉，釉面有开片。芒口，底足露胎。

075　青白釉菊瓣纹折沿盘 （石采：25）
Qingbai Dish with Folded Edge and Chrysanthemum Petals Decoration

元代中期
Middle Yuan Dynasty

口径 22.1 厘米　足径 10.9 厘米　高 5.2 厘米

凹折沿，方唇，弧腹，圈足。内壁印一周菊瓣纹，内底有莲荷纹印花。灰白胎，胎质细腻，胎体坚致。青白釉，釉色莹润有光泽。芒口，底足露胎。

076　青白釉菊瓣纹折沿盘 （石 T121 ②：5）
Qingbai Dish with Folded Edge and Chrysanthemum Petals Decoration

元代中期
Middle Yuan Dynasty

口径 22.4 厘米　足径 10.5 厘米　高 5.4 厘米

凹折沿，方唇，弧腹，圈足。内壁模印一周菊瓣纹。灰白胎，胎体坚致。青白釉泛黄。芒口，足端及外底局部露胎。

青白釉菊瓣纹折沿盘 （石采：25）
Qingbai Dish with Folded Edge and Chrysanthemum Petals Decoration

081　　　**青白釉盘**（石T126⑤：4）
　　　　Qingbai Dish

　　　　元代早期
　　　　Early Yuan Dynasty

　　　　口径 15.2 厘米　足径 4.6 厘米　高 3.7 厘米

　　　　敞口，方唇，弧腹，矮圈足。内底边缘有一周凹弦纹。灰白胎，
　　　　胎质细腻，胎体坚致。青白釉泛蓝。芒口，底足露胎。

082　　　**青白釉盘**（石Y1⑥：3）
　　　　Qingbai Dish

　　　　元代早期
　　　　Early Yuan Dynasty

　　　　口径 17.0 厘米　足径 12.6 厘米　高 3.8 厘米

　　　　侈口，方唇，弧腹，圈足。灰白胎，胎体坚致。青白釉泛黄，
　　　　内壁釉面有细碎开片。芒口，底足露胎。外壁粘连大量窑砂。

083   **青白釉大盘** （马 T3扩②：46）
Large Qingbai Dish

元代早期
Early Yuan Dynasty

口径 20.6 厘米 足径 6.8 厘米 高 4.6 厘米

敞口，方唇，浅弧腹，矮圈足。灰白胎，胎质略粗。青白
釉泛灰，釉面有细碎开片。内外满釉，芒口，底足局部露胎。

青白釉折沿碟 （李 T12H3：47）
Qingbai Saucer with Folded Edge

宋末元初
Late Song / Early Yuan Dynasty

口径 12.8 厘米 足径 5.3 厘米 高 3.8 厘米

敞口，平折沿，尖圆唇，斜弧腹，圈足。灰白胎。青白釉
泛灰，釉面局部有细碎开片。内底涩圈，外施釉至下腹部。

青白釉折沿碟 （李 T11H3 : 37）
Qingbai Saucer with Folded Edge

青末元初
Late Song / Early Yuan Dynasty

口径 11.4 厘米　足径 4.8 厘米　高 3.4 厘米

敞口，平折沿，尖圆唇，浅弧腹，圈足。灰白胎，胎质细腻。
青白釉泛黄。内底涩圈，底足露胎。内底涩圈部位有叠烧
粘砂，口沿粘连叠烧器物腹片。

青白釉莲瓣纹印花碟 （石采：28）
Qingbai Saucer with Moulded Lotus Petals

宋末元初
Late Song / Early Yuan Dynasty

口径 13.2 厘米　底径 7.3 厘米　高 2.6 厘米

敞口，方唇，浅弧腹，平底。内壁饰三层莲瓣纹，内底有莲荷纹印花。灰白胎，
胎体轻薄坚致。青白釉，釉面有开片。芒口，外底露胎。

青白釉菊瓣纹印花碟 （石 T114 北隔梁③：1）
Qingbai Saucer with Moulded Chrysanthemum Petals

宋末元初
Late Song / Early Yuan Dynasty

口径 9.8 厘米 足径 5.6 厘米 高 2.7 厘米

敞口，方唇，斜腹，圈足。内壁模印一周菊瓣纹，内底有模印纹饰。米白胎，胎质细腻，胎体坚致。青白釉，釉面有细碎开片。芒口，底足露胎。

青白釉菊瓣纹印花碟 （马 T2 ② : 67）
Qingbai Saucer with Moulded Chrysanthemum Petals

宋末元初
Late Song / Early Yuan Dynasty

口径 12.1 厘米　足径 6.9 厘米　高 3.4 厘米

敞口，方唇，斜弧腹，圈足。内壁模印一周菊瓣纹，内底模印花卉纹。灰白胎，
胎体坚致。青白釉，釉面有细碎开片。芒口，底足露胎。外壁及外底有火石红。

青白釉菊瓣纹印花碟 （马 T2 扩北隔梁② ：113）
Qingbai Saucer with Moulded Chrysanthemum Petals

宋末元初
Late Song / Early Yuan Dynasty

口径 12.6 厘米 足径 6.3 厘米 高 3.2 厘米

敞口，方唇，弧腹，浅圈足。内壁模印一周菊瓣纹，内底模印花卉纹。灰白胎、胎体轻薄。青白釉，釉色莹润。芒口，外底圆形露胎。

090 青白釉菊瓣纹印花碟 （石T126⑤：11）
Qingbai Saucer with Moulded Chrysanthemum Petals

宋末元初
Late Song / Early Yuan Dynasty

口径 12.4 厘米 底径 7.5 厘米 高 2.6 厘米

敞口，方唇，斜弧腹，平底。内壁模印一周菊瓣纹，内底模印莲荷纹。灰白胎，
胎质细腻，胎体轻薄。青白釉，釉面有细碎开片。芒口，外底圆形露胎。

青白釉菊瓣纹印花碟 （石T125②：18）
Qingbai Saucer with Moulded Chrysanthemum Petals

宋末元初
Late Song / Early Yuan Dynasty

口径 9.5 厘米　足径 5.3 厘米　高 2.6 厘米

敞口，方唇，斜弧腹，圈足。内壁模印一周菊瓣纹，内底模印花卉纹。灰白胎，胎体轻薄坚致。青白釉，釉色明亮，釉面有细碎开片，内壁多有杂斑。内外满釉，芒口。

092　　**青白釉菊瓣纹印花碟** （马 T3扩②：10）
Qingbai Saucer with Moulded Chrysanthemum Petals

宋末元初
Late Song / Early Yuan Dynasty

口径 12.0 厘米　足径 6.2 厘米　高 3.4 厘米

敞口，方唇，浅弧腹，圈足。内壁模印一周菊瓣纹，内底模印莲荷纹。灰白胎，
胎质细腻，胎体轻薄。青白釉，釉色明亮。芒口，外底圆形露胎。

093　　**青白釉菊瓣纹印花碟** （石 T116②：2）
Qingbai Saucer with Moulded Chrysanthemum Petals

宋末元初
Late Song / Early Yuan Dynasty

口径 10.4 厘米　足径 5.1 厘米　高 2.7 厘米

侈口，方唇，斜弧腹，圈足。内壁模印一周菊瓣纹，内底模印团花纹。灰白胎，
胎体轻薄坚致。青白釉，釉色明亮，釉面有开片。内外满釉，芒口。

094   **青白釉菊瓣纹印花碟** （石T125②：7）
Qingbai Saucer with Moulded Chrysanthemum Petals

宋末元初
Late Song / Early Yuan Dynasty

口径 9.8 厘米　足径 4.8 厘米　高 2.5 厘米

侈口，方唇，斜弧腹，浅圈足。内壁模印一周菊瓣纹，内底模印团花纹。灰白胎，
胎体坚致。青白釉，釉面局部开片。内外满釉，芒口。外壁有火石红和窑砂。

095 **青白釉印花碟** （李 T11H3：41）
Qingbai Saucer with Moulded Design

宋末元初
Late Song / Early Yuan Dynasty

口径 13.1 厘米 底径 8.2 厘米 高 3.0 厘米

敞口，方唇，斜弧腹，平底。内壁模印回纹和双层菊瓣纹
各一周，内底模印鱼藻纹。白胎泛红，胎体轻薄。青白釉
泛黄。芒口，外底露胎。

096 **青白釉菊瓣纹碟** （石 T116⑤：2）
Qingbai Saucer Decorated with Chrysanthemum Petals

宋末元初
Late Song / Early Yuan Dynasty

口径 12.0 厘米 足径 8.0 厘米 高 2.7 厘米

侈口，方唇，斜腹微弧，内底微凹，浅圈足。外壁削刻一
周菊瓣纹。灰白胎，胎质细腻，胎体坚致。青白釉，釉面
有细碎开片。芒口，外底露胎。

097　　**青白釉碟**（李 T1H2：1）
Qingbai Saucer

宋末元初
Late Song / Early Yuan Dynasty

口径 11.5 厘米　足径 8.0 厘米　高 3.1 厘米

敞口，方唇，斜弧腹，圈足。灰白胎，胎质细腻，胎体轻薄。
青白釉微泛灰。芒口，底足露胎。

098　　**青白釉碟**（李 T12H3：40）
Qingbai Saucer

宋末元初
Late Song / Early Yuan Dynasty

口径 11.8 厘米　足径 7.5 厘米　高 3.2 厘米

敞口，方唇，斜弧腹，圈足。灰白胎，胎体轻薄。青白釉，
釉色明亮有光泽。芒口，底足露胎。

青白釉碟 （石 T115③：47）

Qingbai Saucer

宋末元初

Late Song / Early Yuan Dynasty

口径 12.2 厘米 足径 8.0 厘米 高 3.2 厘米

侈口，弧腹，内底微凹，圈足。米白胎，胎质细腻，胎体坚致。青白釉，釉面
有细碎开片。芒口，底足露胎。

100 青白釉碟 （石 T127 ⑤：4）
Qingbai Saucer

宋末元初
Late Song / Early Yuan Dynasty

口径 11.7 厘米 足径 7.0 厘米 高 3.1 厘米

敞口，弧腹，内底微凹，圈足。灰白胎，胎质略粗，胎体坚致。青白釉泛灰，釉面有细碎开片。芒口，外底不规则形露胎。

101　**青白釉碟** （石 T127 ⑤ : 26 ）
Qingbai Saucer

宋末元初
Late Song / Early Yuan Dynasty

口径 8.9 厘米　足径 5.8 厘米　高 2.1 厘米

敞口，方唇，弧腹，圈足。内底边缘有一周凹弦纹。灰白胎，胎体轻薄坚致。
青白釉泛蓝，釉色明亮有光泽。内外满釉，芒口，底足局部露胎。

青白釉碟 （石 T116②：1）

Qingbai Saucer

元代早期

Early Yuan Dynasty

口径 9.4 ~ 9.6 厘米　足径 5.2 ~ 5.4 厘米　高 2.6 ~ 2.9 厘米

略有变形。侈口，弧腹，圈足。灰白胎，胎质细腻，胎体坚致。青白釉，釉色莹润，釉面略有开片。内外满釉，芒口。内底粘连其他器物底足残片。

103　**青白釉碟** （石Y1⑥：1）
Qingbai Saucer

元代早期
Early Yuan Dynasty

口径 10.0 厘米　底径 3.6 厘米　高 1.9 厘米

大敞口，方唇，斜直腹，平底微凹。灰白胎，胎质细腻，胎体坚致。青白釉，
釉面有少量开片。仅器内施釉。

104　**青白釉碟**　（石T126④：1）
Qingbai Saucer

元代早期
Early Yuan Dynasty

口径7.3厘米　足径3.3厘米　高2.5厘米

敞口，圆唇，弧腹，圈足，外底有乳状凸。灰白胎，胎质细腻，胎体轻薄。青白釉泛黄，釉面有细碎开片。内外满釉，底足局部露胎。

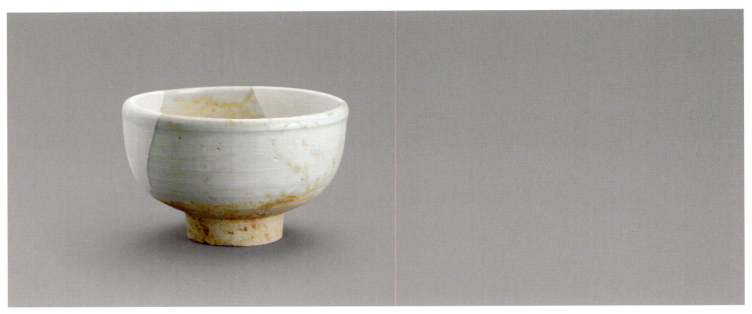

105　**青白釉杯**（马 T3 扩②：30）
Qingbai Cup

元代早期
Early Yuan Dynasty

口径 8.3 厘米　足径 3.5 厘米　高 5.1 厘米

直口，厚圆唇，深腹，上腹近直，下腹弧收，高饼足。灰
白胎，胎体坚致。青白釉，釉层均匀，釉色莹润，无流釉。
内满釉，外施釉至下腹部。

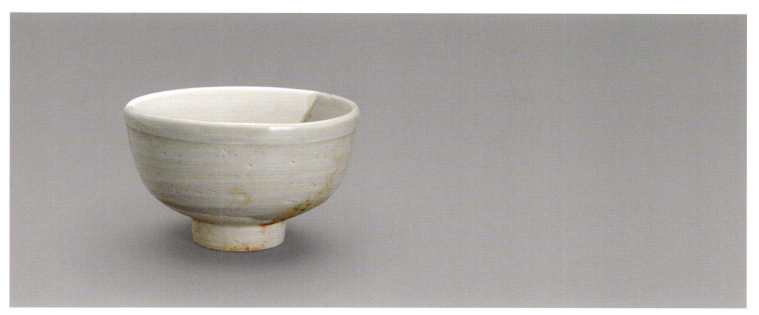

106   **青白釉杯** （马 T4 扩②：1）
Qingbai Cup

元代早期
Early Yuan Dynasty

口径 8.3 厘米 足径 3.3 厘米 高 5.2 厘米

直口，圆唇，上腹近直，下腹弧收，饼足微内凹。灰白胎，胎体轻薄坚致。青白釉，釉色明亮有光泽。内满釉，外施釉至下腹部。

青白釉杯 （石T125②：10）
Qingbai Cup

元代早期
Early Yuan Dynasty

口径 8.7 厘米 足径 3.5 厘米 高 5.1 厘米

直口，圆唇，上腹近直，下腹弧收，饼足。灰白胎，胎体
坚致。青白釉。内满釉，外施釉至下腹部。

青白釉器盖 （马 T12②：3）
Qingbai Lid

宋末元初
Late Song / Early Yuan Dynasty

盖径 10.0 厘米　子口径 7.0 厘米　高 4.2 厘米

宽平沿，盖面隆起呈弧状，中置圆饼状纽，纽顶微凹，沿下设子口。灰白胎，胎质细腻，胎体坚致。青白釉，釉面有开片。盖面满釉，盖内露胎。

青白釉器盖 （马 T12②：3）
Qingbai Lid

宋末元初
Late Song / Early Yuan Dynasty

青白釉器盖 （石T115②：20）
Qingbai Lid

宋末元初
Late Song / Early Yuan Dynasty

盖径 17.2 厘米　子口径 13.0 厘米　残高 3.1 厘米

仅存局部。宽平沿，盖面隆起，沿下设子口。盖面饰莲瓣
纹，盖面与沿转折处饰一周凸弦纹，沿上有两系孔。灰白
胎，胎质细腻，胎体坚致。青白釉，釉色莹润，釉面有细
碎开片。盖面满釉，盖内露胎。

青白釉器盖 （石T115②：20）
Qingbai Lid

110　**青白釉器盖**　（石T126⑤：18）
Qingbai Lid

宋末元初
Late Song / Early Yuan Dynasty

盖径 10.1 厘米　子口径 6.8 厘米　高 3.0 厘米

盖面呈三级阶梯状隆起，顶置矮饼状纽，纽顶微凸。米白胎，胎质细腻，胎体坚致。青白釉，局部有积釉，积釉处泛绿，釉面有细碎开片。盖面施釉，盖沿及盖内露胎。

111　**青白釉器盖**　（石T115②：2）
Qingbai Lid

宋末元初
Late Song / Early Yuan Dynasty

盖径 9.2 厘米　子口径 6.4 厘米　高 2.7 厘米

宽平沿，盖面隆起，中置饼状纽，纽顶微凸，沿下设子口。灰白胎，胎质细腻，胎体坚致。青白釉泛灰。盖面满釉，盖内露胎。

112 **青白釉器盖** （石Y1⑧：2）
Qingbai Lid

元代早期
Early Yuan Dynasty

盖径 7.4 厘米　底径 4.8 厘米　高 2.0 厘米

敞口，折沿斜收，斜直壁，平底。沿面中部有一周凹弦纹。
灰白胎，胎质较细腻。青白釉泛灰。外壁及底露胎。

113 **青白釉器盖** （石T115③：60）
Qingbai Lid

元代早期
Early Yuan Dynasty

盖径 6.4 厘米　子口径 3.8 厘米　高 1.7 厘米

宽平沿，盖面呈阶梯状隆起，顶部圆形凸起，沿下设子口。
盖面边缘置一圆管状横系，系变形严重。灰白胎，胎质细
腻，胎体坚致。青白釉泛灰。盖面满釉，盖内露胎。器表
粘连小块瓷胎，有粘砂。

114   **青白釉器盖** （石 T116②：35）
Qingbai Lid

元代早期
Early Yuan Dynasty

盖径 10.4 厘米 子口径 7.6 厘米 高 2.9 厘米

宽平沿，方唇，盖顶微弧，中置饼状纽。盖面饰一周凹弦纹。
灰白胎，胎质细腻，胎体坚致。青白釉，釉面有细碎开片。
盖面满釉，盖内露胎。

115   **青白釉器盖** （石 T115②：22）
Qingbai Lid

元代早期
Early Yuan Dynasty

盖面径 6.5 厘米 高 1.9 厘米

圆饼状，直壁，顶面和底面平，顶面纽残，似为桥形纽。
灰白胎，胎体坚致。青白釉微泛黄，釉面有细碎开片。盖
面及侧壁施釉，底面露胎。

116 **青白釉器盖** （石 T115③：43）
Qingbai Lid

元代早期
Early Yuan Dynasty

盖径 5.8 厘米　子口径 3.6 厘米　高 1.3 厘米

整体略变形。盖面呈阶梯状隆起，顶部圆形凸起。盖面一侧置圆管状横系。灰白胎，胎质细腻，胎体坚致。青白釉。盖面满釉，盖内露胎。器表粘砂。

117 **青白釉器盖** （石 T115④：50）
Qingbai Lid

元代早期
Early Yuan Dynasty

盖径 7.2 厘米　高 2.7 厘米

盖面呈饼形，略凹弧，盖沿方唇，顶置近方形高柱状纽。灰白胎，胎体坚致。青白釉，釉色黯淡。盖面中心施釉，其余露胎。器表有大量落渣。

118 **青白釉器盖** （石 Y4：14）
Qingbai Lid

元代早期
Early Yuan Dynasty

盖径 3.0 厘米　高 2.0 厘米

平沿，盖面圆弧状隆起，沿下设柱状子口。盖沿一侧置圆管状横系。灰白胎，胎质细腻，胎体坚致。青白釉，釉面玻璃质感强，有稀疏开片。盖面施釉，盖下露胎。

119 **青白釉盒盖** （马 T9②：8）
Qingbai Box Cover

宋末元初
Late Song / Early Yuan Dynasty

盖径 8.6 厘米　高 1.8 厘米

盖面隆起，顶较平。灰白胎，胎质较细，胎体坚致。青白釉泛灰。盖面满釉，盖沿及盖内露胎。盖内有少量窑渣。

1 2 0 **青白釉印花盒盖** （石采：17）
Qingbai Box Cover with Moulded Design

宋末元初
Late Song / Early Yuan Dynasty

盖径 7.6 厘米 高 2.2 厘米

盖面隆起，顶微弧，母口。盖顶两周弦纹内饰折枝梅纹，其外饰一周凸棱纹。灰白胎，胎质较细，胎体坚致。青白釉泛灰，积釉处泛蓝，釉面有开片。盖面满釉，盖内露胎。器表有落渣。

1 2 1 **青白釉印花盒盖** （马T2扩②：41）
Qingbai Box Cover with Moulded Design

宋末元初
Late Song / Early Yuan Dynasty

盖径 6.9 厘米 高 1.2 厘米

盖面隆起，顶微弧，母口。盖顶饰折枝梅花，其外饰一周凸棱纹。灰白胎，胎体坚致。青白釉。盖面满釉，盖内露胎。盖面粘有窑渣。

122 **青白釉盒** （李 T1H1：1）
Qingbai Box

宋末元初
Late Song / Early Yuan Dynasty

口径 8.4 厘米　足径 5.0 厘米

子口，浅腹弧收，饼足，足底变形，内凹严重，内底凸起。
外壁饰一周凸棱纹。灰白胎，胎质略粗，胎体坚致。青白
釉泛灰。芒口，外施釉至下腹部。

123 **青白釉盒** （石 T114 北隔梁③：2）
Qingbai Box

元代早期
Early Yuan Dynasty

口径 16.0 厘米　足径 9.9 厘米　高 4.8 厘米

盖缺。子口内敛，平折沿，弧腹，圈足。米白胎，胎质细腻，胎体坚致。青白釉。外满釉，沿面及器内露胎。外底粘有窑渣。

124 **青白釉炉** （李 T11H3：5）
Qingbai Censer

宋末元初
Late Song / Early Yuan Dynasty

口径 14.3 厘米　足径 5.4 厘米　高 7.4 厘米

敞口，口部外倾，斜弧腹，下腹折收，圈足外撇。外口沿下饰一周凹弦纹，折腹处饰两周凹弦纹。灰白胎，胎质细腻，胎体坚致。青白釉，釉面有细碎开片。内口沿以下无釉，外施釉至下腹部。器底粘连窑渣。

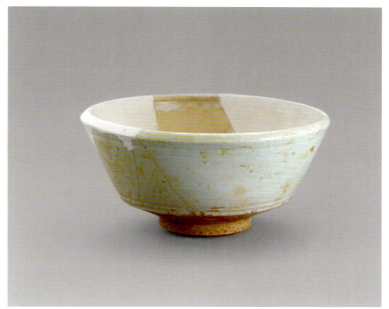

125 **青白釉炉** （李 T7H3：6）
Qingbai Censer

宋末元初
Late Song / Early Yuan Dynasty

口径 11.6 厘米　足径 5.0 厘米　高 6.8 厘米

敞口，圆唇，斜弧腹，下腹折收，圈足外撇。外口沿下饰一周凹弦纹，折腹处饰两周凹弦纹。灰白胎，胎质细腻，胎体坚致。青白釉泛黄。内口沿以下无釉，外施釉至下腹部。

126 **青白釉划花炉** （李 T7H3：98）
Qingbai Censer with Incised Design

宋末元初
Late Song / Early Yuan Dynasty

外口径 15.2 厘米　内口径 12.8 厘米　残高 8.5 厘米

仅存残片。子口内敛，外折沿，直腹微弧。口沿外饰两周
细弦纹，外壁刻划莲荷水波纹。灰白胎，胎质细腻。青黄釉，
釉面有细碎开片。内壁有脱釉。

127 **青白釉折沿炉** （李 T11H3：1）
Qingbai Censer with Folded Edge

宋末元初
Late Song / Early Yuan Dynasty

口径 24.8 厘米　足径 14.0 厘米　高 16.8 厘米

直口，平折沿，尖圆唇，深直腹，下腹折收，高圈足，足
墙宽厚。灰白胎，胎质细腻，胎体厚重。青白釉，釉色黯
淡，釉面有缩釉。沿面与器内无釉，外施釉至腹足交界处。
内底有器物叠烧痕和粘砂，口沿有叠烧痕迹。

128 **青白釉折沿炉** （马 T8 ② ： 12）
Qingbai Censer with Folded Edge

宋末元初
Late Song / Early Yuan Dynasty

口径 17.6 厘米 足径 8.3 厘米 高 13.3 厘米

子口近直，外折沿，尖圆唇，深直腹，下腹折收，高圈足，
足墙宽厚。米黄胎，胎质细腻，胎体坚致。青白釉泛灰。
沿面与器内无釉，外施釉至折腹处。器表粘窑渣。

129　**青白釉折沿炉** （马 T9 ② : 6）
Qingbai Censer with Folded Edge

宋末元初
Late Song / Early Yuan Dynasty

口径 8.8 厘米　足径 4.0 厘米　高 4.8 厘米

变形。翻折沿，尖圆唇，上腹微弧，下腹折收，圈足。灰白胎，
胎质细腻。青白釉。内施釉至中腹部，外施釉至折腹处。

130 **青白釉折沿炉** （石 T126 ⑤：12）
Qingbai Censer with Folded Edge

宋末元初
Late Song / Early Yuan Dynasty

口径 9.2 厘米　足径 5.0 厘米　高 6.0 厘米

子口微敛，外折沿，尖唇，斜弧腹，下腹折收，圈足。米白胎，胎质略粗，胎体坚致。青白釉。器内无釉，外施釉近折腹处。

131 **青白釉折沿炉** （石 Y4 东壁外：1）
Qingbai Censer with Folded Edge

元代早期
Early Yuan Dynasty

口径 12.2 厘米　足径 5.6 厘米　高 6.4 厘米

口微敞，平折沿，圆唇，斜弧腹，下腹折收，圈足。灰白胎，胎质细腻，胎体坚致。青白釉，釉色莹润，釉面有少量开片。内口沿以下无釉，外施釉至折腹处。

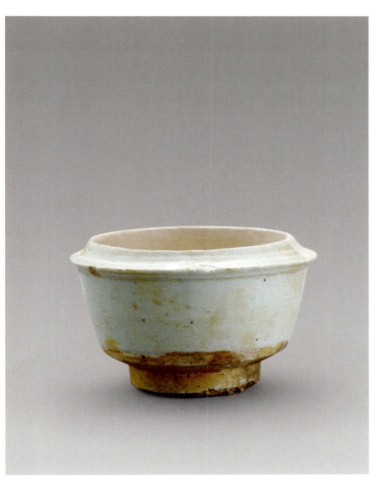

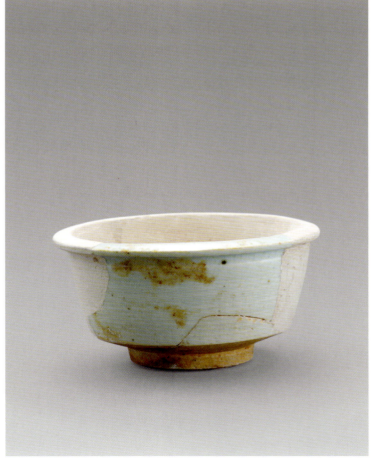

青白釉鼎式炉 （石Y4：4）
Qingbai *Ding*-shaped Censer

元代早期
Early Yuan Dynasty

口径 9.0 厘米　高 12.2 厘米

平折沿，方唇，沿面置对称的长方形立耳，短束颈，鼓腹，平底，下附三兽足，足部饰兽面，足跟外卷。灰白胎，胎质细腻，胎体坚致。青白釉泛灰，有流釉与积釉，釉面有开片。内施釉不及底，外底露胎。器表有少量落灰窑渣与粘砂。

青白釉鼎式炉 （石Y4：4）
Qingbai *Ding*-shaped Censer

青白釉鼎式炉 （石 Y4：6）
Qingbai *Ding*-shaped Censer

元代早期
Early Yuan Dynasty

口径 8.8 厘米　高 11.8 厘米

平折沿，方唇，沿面置对称的长方形立耳，短束颈，鼓腹，
平底，下附三兽足，足部饰兽面，足跟外卷。灰白胎，胎
质细腻，胎体坚致。青白釉泛灰，有流釉与积釉，釉面有
稀疏开片。内施釉不及底，外底露胎。器表有少量落灰窑
渣与粘砂。

青白釉鼎式炉 （石 Y4：6）
Qingbai *Ding*-shaped Censer

元代早期
Early Yuan Dynasty

134 **青白釉鼎式炉** （石 Y4：7）
Qingbai *Ding*-shaped Censer

元代早期
Early Yuan Dynasty

口径 9.2 厘米　支柱高 4.7 厘米　通高 12.7 厘米

平折沿，方唇，沿面置对称的长方形立耳，短束颈，鼓腹，
平底，下附三兽足，足部饰兽面，足跟外卷。外底粘有圆
形支柱，柱内中空。灰白胎，胎质细腻，胎体坚致。青白
釉泛灰，有流釉与积釉，釉面有开片。内施釉不及底，外
底露胎。器表有少量窑渣与粘砂。

青白釉鼎式炉 （石 Y4：7）
Qingbai *Ding*-shaped Censer

青白釉鼎式炉 （石 T115 ③：44）
Qingbai *Ding*-shaped Censer

元代早期
Early Yuan Dynasty

口径 16.8 厘米 高 19.6 厘米

宽平折沿，短直颈，鼓腹，平底，下附三兽足。灰白胎，胎质细腻，胎体坚致。青白釉，釉面有开片。内无釉，外底露胎。器表多粘有窑渣。

青白釉鬲式炉 （石 Y4：5）
Qingbai *Li*-shaped Censer

元代早期
Early Yuan Dynasty

口径 10.0 厘米 高 10.5 厘米

平折沿，方唇，短束颈，鼓腹，平底，下附三足外撇，足
外有扉棱连至腹部。青白胎，胎质细腻，胎体坚致。青白
釉，玻璃质感强，透明度高，釉面有开片。内施釉至颈部，
外满釉，足端露胎。

青白釉鬲式炉 （石 T125 ② ：5）
Qingbai *Li*-shaped Censer

元代早期
Early Yuan Dynasty

口径 9.8 厘米　高 11.4 厘米

平折沿，方唇，短束颈，鼓腹，平底，下附三足外撇，足外有扉棱连至腹部。沿面饰一周凹弦纹。灰白胎，胎质细腻，胎体坚致。青白釉泛灰，釉面局部有开片。内施釉至颈部，外满釉，足端露胎。器表粘连窑渣。

138 **青白釉钵** （石 T115③：52）

Qingbai Alms Bowl

元代早期

Early Yuan Dynasty

口径 9.6 厘米　足径 4.2 厘米　高 5.4 厘米

口微敛，圆唇，弧腹，隐圈足。米白胎，胎质细腻，胎体坚致。青白釉泛黄，釉面有细碎开片。内无釉，外施釉至下腹部。

139 **青白釉钵** （石采：76）

Qingbai Alms Bowl

元代早期

Early Yuan Dynasty

口径 17.2 厘米　足径 8.0 厘米　高 8.4 厘米

敛口，方唇，弧腹，隐圈足。外壁下部有九道凹弦纹。灰白胎，胎质细腻，胎体坚致。青白釉，透明度高，釉面有细碎开片。口内略施釉，外施釉至中腹部，芒口。器表有火石红。

140

青白釉罐 （石T126⑤：6）
Qingbai Jar

宋末元初
Late Song / Early Yuan Dynasty

口径9.0厘米 足径4.4厘米 高6.2厘米

侈口，方唇，束颈，扁鼓腹，饼足内凹。灰白胎，胎质细腻，胎体坚致。青白釉，釉色莹润，釉面局部有细碎开片。内满釉，外施釉至下腹部。

142　　青白釉罐 （石T115北隔梁③：70）
Qingbai Jar

宋末元初
Late Song / Early Yuan Dynasty

口径 4.2 厘米　足径 2.3 厘米　高 3.1 厘米

侈口，尖圆唇，微束颈，扁鼓腹，饼足内凹。灰白胎，胎质细腻。青白釉。内满釉，外施釉至下腹部。内底与外壁可见旋坯形成的轮旋纹。

141　　青白釉罐 （马T2扩②：5）
Qingbai Jar

宋末元初
Late Song / Early Yuan Dynasty

口径 9.8 厘米　足径 4.9 厘米　高 6.1 厘米

侈口，方唇，束颈，扁鼓腹，圈足。灰白胎，胎体坚致。青白釉，釉色莹润有光泽。内满釉，外施釉至下腹部。

143 **青白釉罐** （石T116⑤：1）
Qingbai Jar

宋末元初
Late Song / Early Yuan Dynasty

口径 5.2～5.7 厘米 足径 4.2 厘米 高 4.8 厘米

敞口，圆唇，微束颈，鼓腹，圈足。束颈处有一圆形穿孔，内底旋痕明显。米白胎，
胎质细腻，胎体坚致。青白釉，釉面有细碎开片。内满釉，外施釉至下腹部。

144　　**青白釉罐** （石 T116 ③：1）
Qingbai Jar

元代早期
Early Yuan Dynasty

口径 5.3 厘米　足径 3.3 厘米　高 4.2 厘米

敞口，方唇，束颈，鼓腹，饼足，足沿斜削。黄白胎。青白釉泛黄，釉面有细碎开片。内满釉，外施釉至下腹部。

145　　**青白釉罐** （石 T125 ④：3）
Qingbai Jar

元代早期
Early Yuan Dynasty

口径 9.2 厘米　足径 4.7 厘米　高 6.4 厘米

侈口，方唇，束颈，鼓腹，下腹弧收，饼足微内凹。灰白胎，胎质细腻，胎体坚致。青白釉略泛灰，釉面有细碎开片。内满釉，外施釉至下腹部。

146 **青白釉罐** （石 T105 采：1）
Qingbai Jar

元代早期
Early Yuan Dynasty

口径 11.6 ～ 12.2 厘米　足径 7.8 厘米　高 13.5 厘米

侈口，方唇，束颈，溜肩，弧腹内收，圈足。米白胎，略
生烧。青白釉，釉面剥落且有开片。芒口，底足露胎。

147　　**青白釉盏托** （马 T1②扩：99）
Qingbai Tea Bowl Stand

宋末元初
Late Song / Early Yuan Dynasty

最大径 18.4 厘米　足径 7.2 厘米　高 5.8 厘米

托盏残。托盘敞口，圆唇，斜腹微弧，高圈足，圈足通器
内底。灰白胎，胎质细腻，胎体坚致。青白釉，釉面有开片。
内足墙及足端露胎。

148　　**青白釉灯盏** （石 T116④：9）
Qingbai Oil Lamp

宋末元初
Late Song / Early Yuan Dynasty

口径 8.8 厘米　底径 3.4 厘米　高 3.3 厘米

敞口，圆唇，弧腹斜收，平底。灰白胎，胎质细腻。青白釉，
釉色天蓝。内口沿以下施釉，其余露胎。

149 **青白釉灯盏** （石 T126 ⑤ : 19）
Qingbai Oil Lamp

元代早期
Early Yuan Dynasty

口径 8.2 厘米 底径 3.6 厘米 高 2.2 厘米

敞口，方唇，斜直腹，平底。灰白胎，胎质略粗。青白釉泛黄，釉面有细碎开片。内口沿以下施釉，其余露胎。

150 **青白釉灯盏** （石 T126 ② : 14）
Qingbai Oil Lamp

元代早期
Early Yuan Dynasty

口径 8.7 厘米 底径 3.1 厘米 高 2.6 厘米

敞口，方唇，斜直腹，平底。灰白胎，胎质细腻。青白釉泛灰。内满釉，外施釉至下腹部。器表粘有窑渣。

151　　青白釉灯盏 （李 T11H3：22）
Qingbai Oil Lamp

元代早期
Early Yuan Dynasty

口径 8.4 厘米　底径 3.6 厘米　高 2.2 厘米

微变形。敞口，方唇，斜直腹，平底，盏中心有一中通圆柱，柱壁有一近长方形开口。米白胎，胎质略粗，胎体坚致。青白釉泛黄。内满釉，柱内与盏外无釉。器表落灰粘砂。

152　　青白釉莲瓣纹灯盏 （石 Y4：2）
Qingbai Oil Lamp Decorated with Lotus Petals

元代早期
Early Yuan Dynasty

口径 6.6 厘米　足径 5.4 厘米　高 6.4 厘米

微变形。上为盏，口微敛，厚圆唇，弧腹，中心有一与盏口齐平的喇叭形中通圆柱，柱壁下部有对称的梯形开口。盏下附中空喇叭形高足，外撇较甚。外口沿下饰一周弦纹，外壁饰重叠双线尖瓣仰莲瓣，弦纹与莲瓣间饰竖线纹，足下部饰一周双线覆莲瓣。灰白胎，胎质细腻，胎体坚致。青白釉泛灰。足内露胎。

153 **青白釉执壶** （石 T125 ⑤ : 1）

Qingbai Ewer

宋末元初
Late Song / Early Yuan Dynasty

口径 7.2 厘米　最大腹径 12.0 厘米　足径 9.2 厘米　高 13.2 厘米

喇叭口，圆唇，长束颈，溜肩，鼓腹，下腹弧收，圈足外撇。上腹部对称置执手与流，均残，执手处可见刻划痕。灰白胎，胎质细腻，胎体坚致。青白釉泛灰，釉面有细碎开片。器内颈部以下无釉，外满釉，足端露胎。腹部可见上下接胎痕。

154　**青白釉执壶** （石 T115③：41）
Qingbai Ewer

元代早期
Early Yuan Dynasty

口径 6.8 厘米　最大腹径 9.7 厘米　足径 6.0 厘米　高 10.2 厘米

直口，方唇，粗颈，鼓腹，圈足。腹中部一侧置一曲流，相对一侧置扁条形执手。外壁中部饰两周凹弦纹。灰白胎，胎质细腻，胎体坚致。青白釉泛灰。内满釉，外施釉至下腹部。器表粘砂，足底粘窑渣。

155　**青白釉执壶** （石 T115③：42）
Qingbai Ewer

元代早期
Early Yuan Dynasty

口径 5.7 厘米　最大腹径 9.5 厘米　足径 5.3 厘米　高 12.6 厘米

略变形。口微敛，方唇，短粗颈，长鼓腹，饼足微内凹。肩部一侧置曲管状流，对称一侧置扁条形执手，略残，另两侧置对称的两圆管状横系。青白胎，胎质细腻，胎体坚致。青白釉，釉层薄而均匀，玻璃质感强，透明度高，釉面有细碎开片。内满釉，外施釉近足部，芒口。

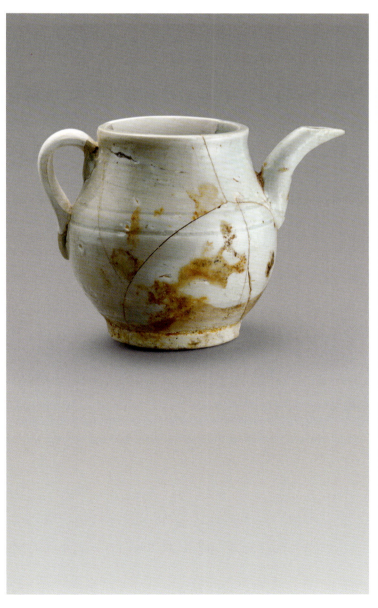

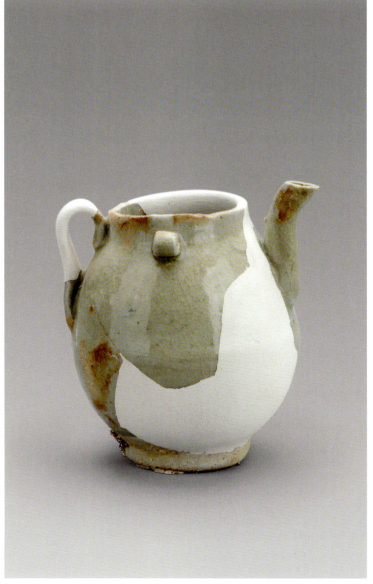

156 **青白釉执壶** （石 T115②：6）
Qingbai Ewer

元代早期
Early Yuan Dynasty

口径 6.0 厘米　最大腹径 12.5 厘米　足径 6.9 厘米　高 19.8 厘米

喇叭口，长束颈，折肩，弧腹，圈足。肩部一侧置曲管状长流，另一侧置扁条
形执手，执手顶端有一圆管状系。青白胎，胎质细腻，胎体坚致。青白釉，釉
层薄而均匀，玻璃质感强，透明度高，釉面有线状开片。内满釉，外施釉近圈
足，芒口。器表两处粘有其他器物残片。

157 **青白釉盘口瓶** （石 T126②：1）
Qingbai Vase with Dish-shaped Mouth

元代早期
Early Yuan Dynasty

口径 9.7 厘米　最大腹径 15.3 厘米　残高 24.0 厘米

盘口，厚方唇，细长颈，溜肩，鼓腹，高圈足残缺。颈、肩、腹部各有一周竹
节状凸棱。青白胎，胎质细腻，胎体坚致。青白釉，釉层均匀，无流釉。内施
釉至颈中部，外满釉。器表有大面积火石红。底部残缺部位可见接胎痕。

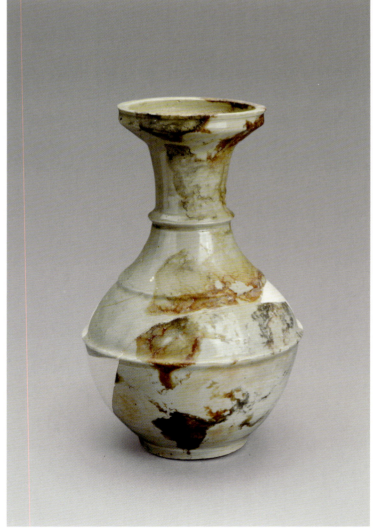

158 **青白釉盘口瓶** （石 Y2：4）
Qingbai Vase with Dish-shaped Mouth

元代早期
Early Yuan Dynasty

口径 8.5 厘米 残高 19.4 厘米

盘口，方唇，细长颈，鼓腹，下腹残。颈、肩、腹部各有一周竹节状凸棱。灰白胎，胎体坚致。青白釉，釉色黯淡，釉面有细碎开片。器表有大面积火石红。颈部与腹部凸棱内壁有接胎痕。

159 **青白釉铺首衔环瓶** （石 T116 ④：1）
Qingbai Vase with Knocker Base

元代早期
Early Yuan Dynasty

最大腹径 10.8 厘米　足径 8.8 厘米　残高 20.8 厘米

口残。长束颈，扁鼓腹，最大腹径在中下部，高圈足。上腹部塑贴对称的铺首衔环耳。青白胎，胎质细腻，胎体坚致。青白釉，釉层薄，玻璃质感强，透明度高，釉面有开片。内施釉至颈中部，外施釉至足端，足内侧施釉不均，局部露胎。

160 **青白釉带座瓶** （石 T115③：1）
Qingbai Vase with Stand

元代早期
Early Yuan Dynasty

残高 12.0 厘米

口部残缺。小口，细颈，溜肩，长鼓腹，下有方座，四面圆形镂孔，中空。灰白胎，胎色泛黄。青白釉，釉色明亮有光泽。器内无釉，外壁及座内满釉。

161 **青白釉瓶** （石 T115③：69）
Qingbai Vase

元代早期
Early Yuan Dynasty

足径 5.2 厘米 残高 12.2 厘米

侈口，长颈，溜肩，鼓腹，高圈足斜外撇。白胎，胎质细腻，胎体坚致。青白釉泛灰。器内及足端露胎。腹部可见旋削痕。

青白釉瓶 （石T115②：48）

Qingbai Vase

元代早期

Early Yuan Dynasty

口径 9.1 厘米　底径 9.3 厘米　高 37.0 厘米

双唇口，沿面下折，粗直颈，广肩，深腹，下腹弧收，平底微内凹。肩部饰两周凸棱。青白胎，胎质细腻，胎体坚致。青白釉，釉层均匀，釉色明亮有光泽，透明度高。内施釉至颈部，外施釉近底。外壁粘连一支圈残块，外底残留垫砂。

162

青白釉瓶 （石T115③：2）

Qingbai Vase

元代早期

Early Yuan Dynasty

口径 9.3 厘米　底径 9.0 厘米　高 34.3 厘米

器腹略变形。双唇口，沿面下折，粗直颈，广肩，深腹，下腹弧收，平底微内凹。肩部饰两周凸棱。青白胎，胎质细腻，胎体坚致。青白釉，釉层均匀，釉色明亮有光泽，透明度高。内施釉至颈部，外施釉近底。外壁粘连一青白釉器盖残片。

164 青白釉牧童砚滴 （石T125④：1）
Qingbai Cowboy-shaped Water Dropper

元代早期
Early Yuan Dynasty

长 9.6 厘米　宽 4.4 厘米　高 9.8 厘米

牛首上昂，弯角，嘴略张，尾甩于一侧，腹中空。牛背上
坐一牧童，上半身残，双腿交叉，一笠帽置于腿旁。牧童
后牛背上置一圆孔。牛身侧面有星纹装饰。青白胎，胎质
细腻，胎体坚致。青白釉，釉层均匀，釉面有开片。仅牛
足下部未施釉。

青白釉牧童砚滴 （石T125④：1）
Qingbai Cowboy-shaped Water Dropper

元代早期
Early Yuan Dynasty

青白釉牧童硯滴 （石 Y4：10）
Qingbai Cowboy-shaped Water Dropper

元代早期
Early Yuan Dynasty

长 9.5 厘米　宽 3.6 厘米　高 9.0 厘米

牛首上昂，弯角，嘴略张，尾甩于一侧，腹中空。牛背上一牧童双腿交叉侧坐，左手斜撑于牛背，牧童头部残缺。牧童后牛背上置一圆孔。牛身侧面有星纹装饰。牛眼施褐彩。青白胎，胎质细腻，胎体坚致。青白釉，釉层均匀，釉面略有开片。仅牛足下部未施釉。

青白釉牧童砚滴 （石Y4：12）

Qingbai Cowboy-shaped Water Dropper

元代早期

Early Yuan Dynasty

长 9.5 厘米　宽 4.5 厘米　高 9.8 厘米

牛首上昂，弯角，嘴略张，尾甩于一侧，腹中空。一牧童头梳双髻，双手斜撑，趴于牛背上，扭头远望，手旁置一笠帽。牧童后牛背上置一圆孔。牛身侧面有星纹装饰。青白胎，胎质细腻，胎体坚致。青白釉，釉层均匀，釉面略有开片。仅牛足下部未施釉。

167 **青白釉人物形砚滴** （石 T126 ② : 15）
Qingbai Figural Water Dropper

元代早期
Early Yuan Dynasty

残高 6.4 厘米

下半部残。坐姿。面部丰腴，光头，头顶至前额有一撮刘海，双手置于膝上。左肩处有一圆管状流。灰白胎，胎质细腻，胎体坚致。青白釉，釉色莹润。满釉。头部与身体为接胎。

168 **青白釉人物形砚滴** （马采 : 14）
Qingbai Figural Water Dropper

元代早期
Early Yuan Dynasty

残高 4.9 厘米

仅存上部。面部丰腴，圆眼，双耳垂肩，头梳双髻置于脑后。身体中空，头部下附圆锥状榫，与身体套接。胎色黄，生烧。青白釉泛黄。内外满釉。

169 **青白釉瓜棱腹砚滴** （石 T125、T126 东侧采：23）
Qingbai Water Dropper with Melon-shaped Body

元代早期
Early Yuan Dynasty

最大腹径 7.2 厘米　底径 3.6 厘米　高 6.3 厘米

顶面微弧，顶部正中有圆形注水孔，溜肩，肩腹一体，鼓腹，腹呈瓜棱形，平底微凹。肩部一侧为短直流，流残，相对一侧执手呈圆孔状。灰白胎，胎质较细，胎体坚致。青白釉。外施釉不及底。

170 **青白釉鸟形砚滴** （石 T115③：39）
Qingbai Bird-shaped Water Dropper

元代早期
Early Yuan Dynasty

长 9.0 厘米　高 6.5 厘米

圆眼，嘴微张，羽翼收。上置一管状短流，背部注水口有一花苞状塞。灰白胎，胎质细腻。青白釉，釉色莹润。器身下部无釉。

青白釉提梁砚滴 （石 Y4：9）
Qingbai Water Dropper with Top Handle

元代早期
Early Yuan Dynasty

最大腹径 5.7 厘米 底径 3.3 厘米 高 7.8 厘米

溜肩，圆鼓腹，平底。提梁位于顶部，以两泥条捏塑作缠枝状，两枝分开两边撑起，一枝旁有注水小孔。肩部一侧置曲流向上，略高于提梁。青白胎，胎质细腻，胎体坚致。青白釉，釉层均匀，釉色莹润有光泽，釉面有开片。外施釉至下腹部。

172 **青白釉提梁砚滴** （石Y4：8）
Qingbai Water Dropper with Top Handle

元代早期
Early Yuan Dynasty

最大腹径 5.2 厘米　足径 3.2 厘米　高 8.2 厘米

溜肩，圆鼓腹，隐圈足。提梁位于顶部，以两泥条捏塑作缠枝状，两枝分开两
边撑起，一枝旁有注水小孔。肩部一侧置曲流向上，高出提梁。灰白胎，胎质
细腻，胎体坚致。青白釉泛灰。外施釉至下腹部。

青白釉砚滴 （石 T115 ③ : 83）
Qingbai Water Dropper

元代早期
Early Yuan Dynasty

盖径 2.8 厘米　高 1.6 厘米
口径 2.0 厘米　最大腹径 8.8 厘米　高 9.8 厘米

有盖。盖面呈弧形，顶中心圆凸，一侧置一圆管状横系，下设圆柱状子口。盖面压印叶脉纹。器身敛口，尖圆唇，斜肩，瓜棱状长直腹，平底。肩部一侧置曲管状流，另一侧置扁条环状执手，执手与口沿间有一圆管状横系。肩部饰一周连珠纹带，其内饰一周叶脉纹。青白釉，釉色明亮，玻璃质感强，釉面有细碎开片。盖内、器内与外底露胎。

174　**青白釉鸟食罐** （石 T127④：1）
Qingbai Bird Feeder

元代早期
Early Yuan Dynasty

口径 1.2 厘米　最大腹径 4.4 厘米
足径 1.6 厘米　高 2.6 厘米

直方口，方口四角出筋，尖唇，溜肩，扁鼓腹，饼足。下腹部近足处置一圆管状系。灰白胎，胎质细腻，胎体坚致。青白釉，釉面有开片。外施釉至中腹部。器表粘砂。

175　**青白釉鸟食罐** （石 T116②：20）
Qingbai Bird Feeder

元代早期
Early Yuan Dynasty

口径 4.2 厘米　底径 1.8 厘米　高 2.9 厘米

敛口，圆唇，上鼓腹，下腹斜收，平底。上腹一侧置一圆管状横系。米白胎，胎质细腻，胎体坚致。青白釉泛灰，釉面有细碎开片。内外满釉，底部露胎。器表粘黑色落灰。

176 **青白釉花盆** （石 T124 ② : 14）
Qingbai Flower Pot

元代早期
Early Yuan Dynasty

底部边长 10.1 厘米 残高 9.1 厘米

上部及一足残。方形，腹壁斜直，下附四足。外壁四面有模印花卉纹。胎色泛红。青白釉泛黄。内壁无釉，外满釉，外底中心不规则形露胎，四足上部施釉。

177 **青白釉大盆** （石 T126 ⑤ : 10）
Large Qingbai Basin

元代早期
Early Yuan Dynasty

口径 36.6 厘米 足径 13.0 厘米 高 13.2 厘米

敞口，方唇，弧腹，圈足。灰白胎，胎质细腻，胎体厚重。青白釉泛黄，釉面有缩釉。内满釉，外施釉至腹足交界处，口沿无釉。

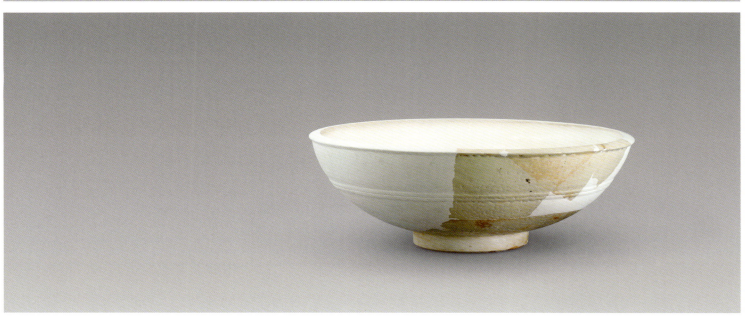

青白釉漏器 （石采：77）
Qingbai Strainer

元代
Yuan Dynasty

足径 4.8 厘米　残高 3.4 厘米

仅存下部。斜腹，饼足微内凹。上部有一周漏孔。米白胎，
胎质细腻。青白釉，有流釉。内满釉，外施釉至下腹部。

贰

青釉瓷

Celadon

青釉瓷

Celadon

179 **"徐信立" 墨书青釉碗底** （李 T13H1：1）
Celadon Bowl Bottom with Characters "Xu Xin Li"

元代
Yuan Dynasty

足径 7.0 厘米 残高 2.9 厘米

仅存底部。弧腹，圈足。外底墨书"徐信立"。灰白胎，
胎体坚致。青釉。内底无釉，外施釉至圈足，底足露胎。

青釉划花大碗 （石 T127②：5）
Large Celadon Bowl with Incised Design

元代中期
Middle Yuan Dynasty

口径 21.7 厘米 足径 7.7 厘米 高 7.4 厘米

侈口，圆唇，弧腹，圈足。内壁划草叶纹。米白胎，胎质细腻，胎体坚致。青釉，釉面有细碎开片，内外施釉近底处有大量积釉。内底涩圈，外施釉近圈足。

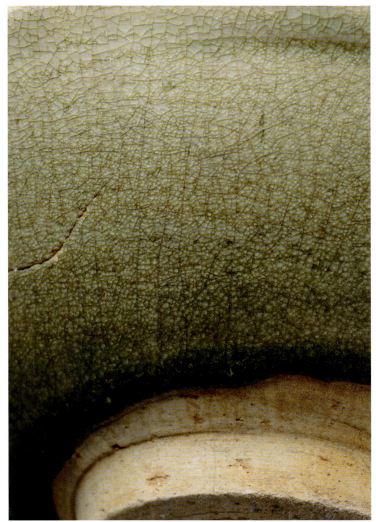

181 **青釉划花大碗** （马 T3 西扩②：57）
Large Celadon Bowl with Incised Design

元代中期
Middle Yuan Dynasty

口径 18.2 厘米 足径 6.0 厘米 高 6.3 厘米

敞口，弧腹，圈足。内壁有划花。灰白胎，胎体坚致。青
釉泛灰，釉面有细碎开片。内底涩圈，外施釉至下腹部。

182　　**青釉划花大碗**（石 T127②：18）
Large Celadon Bowl with Incised Design

元代中期
Middle Yuan Dynasty

口径 17.3 厘米　足径 6.1 厘米　高 5.6 厘米

敞口，圆唇，弧腹，圈足。内壁有划花。灰白胎，胎体坚致。
青釉，釉色明亮。内底涩圈，外施釉至下腹部。

183　　**青釉大碗**（马 T3扩②：54）
Large Celadon Bowl

元代中期
Middle Yuan Dynasty

口径 17.4 厘米　足径 6.6 厘米　高 6.5 厘米

敞口，尖圆唇，弧腹，圈足。灰白胎，胎体坚致。青釉，
釉面有细碎开片，外壁有细小凹孔。内底涩圈，外施釉近
圈足。

184 青釉碗 （马 T3 扩②：73）
Celadon Bowl

元代中期
Middle Yuan Dynasty

口径 16.2 厘米 足径 6.8 厘米 高 6.2 厘米

口微侈，圆唇，斜弧腹，圈足。黄褐胎。青釉，釉色明亮，
釉面有细碎开片。内底涩圈，外施釉至下腹部。

青釉碗 （马 T3 扩②：73）
Celadon Bowl

元代中期
Middle Yuan Dynasty

青釉碗（马 T3扩②：48）
Celadon Bowl

元代中期
Middle Yuan Dynasty

口径 15.3 厘米　足径 4.4 厘米　高 6.4 厘米

敞口，圆唇，弧腹，圈足。灰白胎，胎质较细，胎体坚致。
青釉泛灰，釉面有细碎开片。内底涩圈，外施釉至下腹部。

青釉盏 （马 T2 扩②：60）
Celadon Tea Bowl

元代中期
Middle Yuan Dynasty

口径 10.0 厘米 足径 4.0 厘米 高 3.4 厘米

敞口，尖圆唇，斜弧腹，饼足。灰白胎，胎质细腻。青釉，釉层薄厚不均，积釉处呈青绿色，玻璃质感强，釉面有细碎开片。内底不规则形露胎，外施釉至下腹部。

青釉盏 （石采：30）
Celadon Tea Bowl

元代中期
Middle Yuan Dynasty

口径 10.8 厘米　足径 3.8 厘米　高 4.2 厘米

敞口，圆唇，弧腹，饼足微凹。灰白胎。青釉泛绿，釉面有开片。内底近圆形露胎，外施釉至下腹部。

188 青釉菊瓣纹折沿大盘 （马采：12）

Large Celadon Dish with Folded Edge and Chrysanthemum
Petals Decoration

元代中期
Middle Yuan Dynasty

口径 27.6 厘米 足径 9.7 厘米 高 5.5 厘米

斜折沿，圆唇，浅弧腹，圈足。内壁模印一周菊瓣纹。灰
白胎，胎体坚致。青釉，釉色莹润有光泽，釉面有细碎开片。
内底涩圈，外施釉至下腹部。

189　**青釉菊瓣纹折沿盘** （石 T127②∶11）
Celadon Dish with Folded Edge and Chrysanthemum Petals
Decoration

元代中期
Middle Yuan Dynasty

口径 23.6 厘米　足径 9.1 厘米　高 6.8 厘米

斜折沿，方唇，弧腹，圈足。内壁模印一周菊瓣纹，其下
旋削一周。灰白胎，胎质细腻，胎体坚致。青釉泛黄，釉
面有开片。内底涩圈，外施釉近圈足。

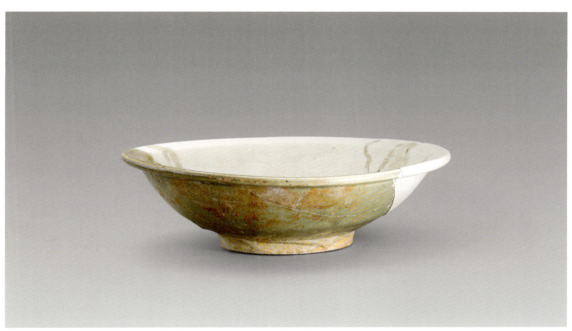

青釉划花折沿盘 （马 T4 扩② : 39）

Celadon Dish with Folded Edge and Incised Design

元代中期

Middle Yuan Dynasty

口径 21.8 厘米 足径 8.0 厘米 高 4.6 厘米

平折沿，浅弧腹，圈足。内壁划草叶纹。灰白胎，胎质细腻，胎体坚致。青釉，釉面有细碎开片。内底涩圈，外施釉至下腹部。外壁近足处有跳刀痕。

青釉划花折沿盘 （马 T9②：19）
Celadon Dish with Folded Edge and Incised Design

元代中期
Middle Yuan Dynasty

口径 20.6 厘米　足径 7.9 厘米　高 3.8 厘米

平折沿，浅弧腹，圈足。内壁划两道对称的草叶纹。米白胎，胎质略粗。青釉，釉面有细碎开片。内底涩圈，外施釉至下腹部。

192　　**青釉折沿盘**　（石 T125②：19）
Celadon Dish with Folded Edge

元代中期
Middle Yuan Dynasty

口径 18.2 厘米　足径 7.3 厘米　高 4.4 厘米

斜折沿，圆唇，浅弧腹，圈足。米白胎，胎质细腻。青釉，
釉面有开片。内底涩圈，外施釉至下腹部。

193　　**青釉折沿盘**　（马 T3扩②：65）
Celadon Dish with Folded Edge

元代中期
Middle Yuan Dynasty

口径 19.3 厘米　足径 7.7 厘米　高 5.9 厘米

斜折沿，圆唇，斜弧腹，圈足。白胎泛黄。青釉，釉面有
细碎开片。内底涩圈，外施釉近圈足。

194　　　**青釉盘** （石采：66）
　　　Celadon Dish

　　　元代中期
　　　Middle Yuan Dynasty

　　　口径 19.9 厘米　足径 7.0 厘米　高 5.6 厘米

　　　敞口，圆唇，浅弧腹，圈足。黄褐胎。青釉，釉色明亮。
　　　内底涩圈，外施釉至下腹部。内壁粘有黑点。

195　　　**青釉盘** （石采：67）
　　　Celadon Dish

　　　元代中期
　　　Middle Yuan Dynasty

　　　口径 19.5 厘米　足径 7.5 厘米　高 4.6 厘米

　　　敞口，圆唇，浅弧腹，圈足。红褐胎。青釉微泛黄。内底
　　　涩圈，外施釉至下腹部。

196 青釉折沿碟 （石采：6）
Celadon Saucer with Folded Edge

元代中期
Middle Yuan Dynasty

口径 11.7 厘米 足径 4.8 厘米 高 3.2 厘米

斜折沿，圆唇，腹微弧，圈足。米白胎，胎质较细，胎体坚致。
青釉，釉面有细碎开片。内底涩圈，外施釉至下腹部。内、
外底有粘砂和叠烧痕。

青釉折沿碟 （石采：6）
Celadon Saucer with Folded Edge

青釉折沿碟 （石 T127 ② ：6）
Celadon Saucer with Folded Edge

元代中期
Middle Yuan Dynasty

口径 12.0 厘米 足径 6.2 厘米 高 3.1 厘米

斜折沿，尖圆唇，弧腹，圈足。灰白胎，胎体坚致。青釉，釉色明亮，玻璃质感强，釉面有细碎开片。内外满釉，底足露胎。

青釉杯 （马 T4 西扩②：43）
Celadon Cup

元代中期
Middle Yuan Dynasty

口径 7.2 厘米　足径 4.4 厘米　高 3.0 厘米

敞口，圆唇，弧腹，饼足微凹。灰白胎，胎质较粗。
青釉泛黄，釉面有开片。内露胎，外施釉至下腹部。
外壁粘连瓷片。

青釉杯 （马采：8）
Celadon Cup

元代中期
Middle Yuan Dynasty

口径 8.2 厘米 足径 3.6 厘米 高 3.7 厘米

直口，方唇，弧腹，饼足。灰白胎，胎质细腻。青釉，釉色明亮，釉面有细碎开片。内满釉，外施釉至下腹部。

200 **青釉高足杯** （马T3扩②：17）
Celadon Stem Cup

元代中期
Middle Yuan Dynasty

口径 12.4 厘米　足径 3.9 厘米　高 7.9 厘米

侈口，尖圆唇，弧腹，喇叭形实心高足外撇，足底较平。
生烧胎色粉红，胎体坚致。青釉，釉面有开片。内满釉，
外施釉至足中部。

201　　**青釉高足杯** （石 T127⑤：2）
Celadon Stem Cup

元代中期
Middle Yuan Dynasty

口径 9.7 厘米　足径 4.5 厘米　高 7.9 厘米

侈口，圆唇，深弧腹，喇叭形实心高足外撇，足底较平。灰白胎，胎体坚致。青釉，釉面有开片，釉层有缩釉。内满釉，外施釉至足跟。内底及外壁有大量窑渣。

202　　**青釉高足杯** （马 T4 扩②：36）
Celadon Stem Cup

元代中期
Middle Yuan Dynasty

口径 12.6 厘米　足径 4.0 厘米　高 7.9 厘米

侈口，圆唇，弧腹，喇叭形实心高足外撇，足沿斜削，足底微内凹。红褐胎。青釉。内满釉，外施釉至足跟。内底有落渣。

203 **青釉高足杯** （马 T4 西扩② : 18）
Celadon Stem Cup

元代中期
Middle Yuan Dynasty

口径 11.4 厘米 足径 3.4 厘米 高 8.0 厘米

侈口，圆唇，弧腹，实心高足，足底较平。青白胎，胎质细腻，胎体坚致。青釉，釉层肥厚，釉面有细碎开片。内满釉，外施釉近足跟。

204 **青釉折沿炉** （李 T13H6 : 3）
Celadon Censer with Folded Edge

元代早期
Early Yuan Dynasty

口径 14.9 厘米 足径 9.1 厘米 高 10.6 厘米

下折沿，尖唇，上腹微弧，下腹折收，折腹处有一周凸棱，圈足。灰白胎，胎体坚致。青釉，釉色莹润，釉面有细碎开片。内露胎，外施釉至折腹处。

205　　　青釉罐（石T125②：17）
Celadon Jar

元代中期
Middle Yuan Dynasty

口径 10.6 厘米　足径 5.2 厘米　高 8.2 厘米

侈口，方唇，束颈，鼓腹弧收，饼足微内凹。米白胎，胎质较细，胎体坚致。青釉泛绿，釉面有开片。内满釉，外施釉至下腹部。

206 青釉灯盏 （石Y1⑦：9）
Celadon Oil Lamp

元代早期
Early Yuan Dynasty

口径8.4厘米 底径2.7厘米 高2.8厘米

敞口，方唇，斜腹，平底。灰白胎，胎质细腻，胎体坚致。
青釉。芒口，外壁及底露胎。

叁

酱釉瓷

Brown - glazed

Porcelain

叁

酱釉瓷

Brown - glazed

Porcelain

207 **酱釉深腹碗** （石 T105 东隔梁③：4）
Brown-glazed Deep Bowl

宋末元初
Late Song / Early Yuan Dynasty

口径 15.0 厘米 足径 5.4 厘米 高 6.5 厘米

敞口，方唇，深弧腹，圈足。白胎泛黄，胎质细腻。酱釉，
施釉均匀，釉色明亮，釉面有星点状鬃眼。芒口，底足露胎。

208 **酱釉碗** （石采：16）
Brown-glazed Bowl

元代中期
Middle Yuan Dynasty

口径 15.4 厘米 足径 6.1 厘米 高 7.4 厘米

敞口，圆唇，斜弧腹，圈足。米白胎，胎质略粗，胎体坚致。
酱釉，釉面有细碎开片，釉色不匀。内底涩圈，外施釉至
下腹部。外壁可见旋坯痕和跳刀痕。

209 　酱釉碗 （马T3扩②：23）
Brown-glazed Bowl

元代中期
Middle Yuan Dynasty

口径 16.4 厘米　足径 6.4 厘米　高 5.6 厘米

敞口，尖圆唇，弧腹，圈足。白胎泛红。酱釉。内底圆形
露胎，外施釉至下腹部。

酱釉碗 （马T3扩②：23）
Brown-glazed Bowl

元代中期
Middle Yuan Dynasty

210　　**酱釉碗** （马 T2 北隔梁②：1）
Brown-glazed Bowl

元代中期
Middle Yuan Dynasty

口径 17.0 厘米　足径 6.6 厘米　高 6.2 厘米

敞口，尖圆唇，弧腹，圈足。灰白胎，胎体坚致。酱釉。
内底涩圈，外施釉至中腹部。

211　　**酱釉碗** （石 T125②：4）
Brown-glazed Bowl

元代中期
Middle Yuan Dynasty

口径 15.6 厘米　足径 5.8 厘米　高 7.0 厘米

侈口，圆唇，深腹微弧，圈足。灰白胎，胎质略粗，胎体
坚致。酱褐釉。内底涩圈，外施釉至下腹部。外壁可见旋
坯痕和跳刀痕。

212　酱釉碗 （马 T4 西扩②：6）
Brown-glazed Bowl

元代中期
Middle Yuan Dynasty

口径 15.0 厘米　足径 6.5 厘米　高 5.3 厘米

敞口，尖圆唇，斜弧腹，圈足。灰白胎，胎质细腻。酱紫釉。
内底涩圈，外施釉至下腹部。

213 酱釉碗 （李弄 T134 ③：1）
Brown-glazed Bowl

元代中期
Middle Yuan Dynasty

口径 15.8 厘米 足径 6.0 厘米 高 6.0 厘米

敞口，尖圆唇，弧腹，圈足，足墙近直。灰白胎。酱褐釉。
内底涩圈，外施釉至下腹部。外壁下部可见跳刀痕。

214   **酱釉大碗** （马采：1）
Large Brown-glazed Bowl

元代中期
Middle Yuan Dynasty

口径 22.8 厘米　足径 8.8 厘米　高 8.2 厘米

敞口，圆唇，斜弧腹，圈足。米白胎，胎质较细。酱褐釉，釉面有流釉。内底涩圈，外施釉至下腹部。内底粘连窑渣及瓷胎。

215   **酱釉大碗** （李弄 T124H2：2）
Large Brown-glazed Bowl

元代中期
Middle Yuan Dynasty

口径 24.7 厘米　足径 9.4 厘米　高 8.5 厘米

敞口，尖圆唇，深弧腹，圈足。灰白胎，胎体坚致。酱釉。内底涩圈，外施釉至腹足交界处。

酱釉束口盏 （石 T126 北隔梁⑤：9）

Brown-glazed Tea Bowl with Waisted Mouth

宋末元初

Late Song / Early Yuan Dynasty

口径 10.2 ～ 10.4 厘米　足径 3.6 厘米　高 5.7 厘米

侈口，尖圆唇，口下微束，弧腹，饼足微凹。灰白胎，胎
质细腻，胎体坚致。酱釉。内满釉，外施釉至下腹部。外
底粘砂。

酱釉束口盏 （石 T115 ③：100）
Brown-glazed Tea Bowl with Waisted Mouth

元代早期
Early Yuan Dynasty

口径 11.1 厘米　足径 3.6 厘米　高 5.2 厘米

侈口，口下收束，斜弧腹，饼足微内凹。灰白胎，胎质细腻，
胎体轻薄坚致。酱青色釉，釉色明亮，釉面有细碎开片。
内满釉，外施釉至下腹部，芒口。

酱釉束口盏 （马 T4 扩②：44）
Brown-glazed Tea Bowl with Waisted Mouth

元代中期
Middle Yuan Dynasty

口径 11.3 厘米　足径 5.9 厘米　高 5.8 厘米

侈口，圆唇，口下收束，斜腹，矮圈足。灰白胎，胎质较粗，
胎体坚致。酱釉。内满釉，外施釉至下腹部。

酱釉束口盏 （马 T4 扩②：44）
Brown-glazed Tea Bowl with Waisted Mouth

酱釉束口盏 （石 Y1：6）
Brown-glazed Tea Bowl with Waisted Mouth

元代中期
Middle Yuan Dynasty

口径 10.0 厘米　足径 3.6 厘米　高 4.6 厘米

侈口，圆唇，口下收束，斜弧腹，饼足微内凹。米白胎，胎质细腻。酱釉。内满釉，外施釉至下腹部。

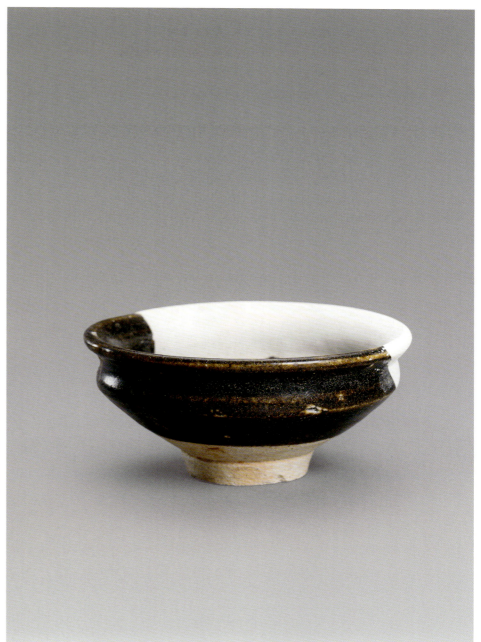

酱釉束口盏 （石 Y1：6）
Brown-glazed Tea Bowl with Waisted Mouth

220 酱釉束口盏 （石 T124②：11）
Brown-glazed Tea Bowl with Waisted Mouth

元代中期
Middle Yuan Dynasty

口径 10.1 厘米 足径 3.8 厘米 高 4.0 厘米

敞口，圆唇，口下收束，斜弧腹，饼足。灰白胎，胎质较细，
胎体坚致。酱褐釉。内满釉，外施釉至中腹部。

221 酱釉束口盏 （石 T127Y1：1）
Brown-glazed Tea Bowl with Waisted Mouth

元代中期
Middle Yuan Dynasty

口径 10.3 厘米 足径 3.8 厘米 高 4.6 厘米

侈口，口下微束，斜弧腹，饼足微凹。米白胎，胎质细腻。
酱褐釉。内满釉，外施釉至下腹部。

222　　酱釉束口盏 （石 T116②：21）
Brown-glazed Tea Bowl with Waisted Mouth

元代中期
Middle Yuan Dynasty

口径 10.6 厘米　足径 3.6 厘米　高 4.2 厘米

侈口，圆唇，口下微束，斜弧腹，饼足微内凹。米白胎，胎质细腻。酱釉泛深青，有流釉。内满釉，外施釉至中腹部。

224　酱釉盏 （石Y1⑦：4）
Brown-glazed Tea Bowl

元代早期
Early Yuan Dynasty

口径 10.9 厘米　足径 3.4 厘米　高 4.6 厘米

侈口，方唇，斜弧腹，浅圈足。灰白胎，胎体坚致。酱黑釉。
内外满釉，芒口。

223　酱釉盏 （石Y1⑦：7）
Brown-glazed Tea Bowl

元代早期
Early Yuan Dynasty

口径 11.2 厘米　足径 3.8 厘米　高 4.8 厘米

侈口，方唇，弧腹，饼足。米白胎，胎体坚致。酱黑釉，
口部有积釉和流釉。芒口，底足露胎。

225　　**酱釉盏**（石 T115③：93）
Brown-glazed Tea Bowl

元代早期
Early Yuan Dynasty

口径 11.6 厘米　足径 3.7 厘米　高 4.9 厘米

侈口，圆唇，斜弧腹，饼足。灰白胎，胎体坚致。酱釉，
釉面呈兔毫状。内满釉，外施釉近足部。

226 酱釉盏 （马 T3 扩②：9）
Brown-glazed Tea Bowl

元代中期
Middle Yuan Dynasty

口径 11.5 厘米　足径 3.8 厘米　高 4.4 厘米

敞口，圆唇，弧腹，饼足。灰白胎，胎质细腻。酱釉，有
流釉。内满釉，外施釉至中腹部。

228 酱釉盏 （马采：4）
Brown-glazed Tea Bowl

元代中期
Middle Yuan Dynasty

口径 8.0 厘米 足径 3.2 厘米 高 5.4 厘米

口微敛，圆唇，深弧腹，饼足。灰白胎，胎质较细。酱黑釉，
有流釉，釉面有细碎开片。内满釉，外施釉至下腹部。

227 酱釉盏 （马 T3②：18）
Brown-glazed Tea Bowl

元代中期
Middle Yuan Dynasty

口径 11.8 厘米 足径 5.4 厘米 高 3.4 厘米

敞口，方唇，斜弧腹，浅圈足。灰白胎，胎体轻薄。酱釉。
内外满釉，芒口。

229　　**酱釉盏**（石T127②：14）
Brown-glazed Tea Bowl

元代中期
Middle Yuan Dynasty

口径 11.0 厘米　足径 4.5 厘米　高 4.2 厘米

敞口，圆唇，弧腹，饼足。米白胎，胎质略粗。酱釉。内
底圆形露胎，外施釉至中腹部。器表粘砂。

230　　**酱釉盏**（石T126②：2）
Brown-glazed Tea Bowl

元代中期
Middle Yuan Dynasty

口径 10.7 厘米　足径 3.5 厘米　高 4.3 厘米

侈口，方唇，弧腹，饼足。灰白胎，胎质细腻，胎体坚致。
酱褐釉。芒口，底足露胎。

酱釉盏 （马 T15②：2）
Brown-glazed Tea Bowl

元代中期
Middle Yuan Dynasty

口径 11.4 厘米 足径 3.6 厘米 高 4.6 厘米

整体略有变形。侈口，方唇，斜弧腹，饼足。灰白胎，胎体轻薄坚致。酱釉。内外满釉，芒口。

酱釉盏 （马 T15②：2）
Brown-glazed Tea Bowl

232 **酱釉盏** （马 T15②：8）
Brown-glazed Tea Bowl

元代中期
Middle Yuan Dynasty

口径 14.4 厘米　足径 4.4 厘米　高 3.8 厘米

敞口，圆唇，弧腹，饼足。米白胎，胎质略粗。酱褐釉。
内底不规则形露胎，外施釉至下腹部。

233　　　**酱釉盏**（石采：57）
　　　　Brown-glazed Tea Bowl

　　　　元代中期
　　　　Middle Yuan Dynasty

　　　　口径 11.2 厘米　足径 3.8 厘米　高 4.7 厘米

　　　　敞口，方唇，弧腹，饼足。灰白胎，胎体轻薄坚致。酱釉。
　　　　内满釉，外施釉至下腹部，芒口。

234　　　**酱釉盏**（石 T122②：5）
　　　　Brown-glazed Tea Bowl

　　　　元代中期
　　　　Middle Yuan Dynasty

　　　　口径 10.7 厘米　足径 4.0 厘米　高 4.5 厘米

　　　　敞口，圆唇，弧腹，饼足。灰白胎。酱釉。内底圆形露胎，
　　　　外施釉至下腹部。

235 **酱釉折沿盘** （石采：69）
Brown-glazed Dish with Folded Edge

元代中期
Middle Yuan Dynasty

口径 18.8 厘米 足径 7.1 厘米 高 5.0 厘米

斜折沿，圆唇，浅弧腹，圈足。灰白胎泛红。酱釉，釉面
有杂斑，局部有积釉，积釉处呈黑色。内底涩圈，外施釉
至下腹部。内底有粘砂，外壁粘连酱釉同类器腹片。

236 **酱釉杯** （石采：61）
Brown-glazed Cup

元代中期
Middle Yuan Dynasty

口径 8.2 厘米 足径 3.7 厘米 高 3.9 厘米

直口，深弧腹，饼足。灰白胎，胎体坚致。酱釉泛青。内
满釉，外施釉至下腹部。内底有较多落渣。

237 **酱釉折沿炉** （石T123②：5）
Brown-glazed Censer with Folded Edge

元代中期
Middle Yuan Dynasty

口径 12.8 厘米 足径 6.0 厘米 高 7.6 厘米

直口，斜折沿，直腹折收，饼足微凹。米白胎，胎质略粗，胎体坚致。酱釉。内口沿下无釉，外施釉至折腹处。

238 **酱釉钵** （石T105采：2）
Brown-glazed Alms Bowl

元代中期
Middle Yuan Dynasty

口径 18.6 厘米 足径 9.3 厘米 高 14.8 厘米

直口，方唇，深弧腹，饼足。胎生烧呈红褐色。酱釉生烧呈紫褐色，釉色黯淡。内满釉，外施釉至腹足交界处。

239   酱釉罐（马T3扩'②：52）
Brown-glazed Jar

元代中期
Middle Yuan Dynasty

口径 8.8 厘米 足径 5.3 厘米 高 5.1 厘米

敞口，圆唇，束颈，扁鼓腹，圈足。红褐胎。酱釉。内满釉，外施釉至足沿。

240   酱釉罐（石T125东侧采：1）
Brown-glazed Jar

元代中期
Middle Yuan Dynasty

口径 9.4 ~ 10.0 厘米 足径 5.2 厘米 高 7.7 厘米

侈口，圆唇，束颈，鼓腹斜收，饼足微凹。米白胎，胎质较细，胎体坚致。内先施青白釉，后覆酱釉，内底仍可见部分青白釉，外施酱釉，釉色无光泽。内满釉，外施釉至下腹部。

241　**酱釉灯盏** （石 Y1 ⑦：3）
Brown-glazed Oil Lamp

元代早期
Early Yuan Dynasty

口径 8.4 厘米　底径 3.2 厘米　高 2.2 厘米

敞口，圆唇，斜腹微弧，平底。灰胎。黑褐釉。内满釉，外壁及底露胎。

242　**酱釉灯盏** （石 T119 ②：15）
Brown-glazed Oil Lamp

元代中期
Middle Yuan Dynasty

口径 8.6 厘米　足径 3.5 厘米　高 2.8 厘米

敞口，方唇，斜腹微弧，小饼足。米黄胎，胎质略粗，胎体坚致。酱釉，釉色酱黑。芒口，外壁及底露胎。

酱釉灯盏 （石采：62）

Brown-glazed Oil Lamp

元代中期

Middle Yuan Dynasty

口径 7.6 厘米 底径 2.5 厘米 高 2.5 厘米

敞口，圆唇，斜弧腹，小平底。灰白胎，胎质细腻，胎体坚致。酱釉，釉色明亮，积釉处呈黑色。内口沿以下满釉，其余露胎。口沿粘连同类器口沿。

244 酱釉灯盏 （石 T119②：2）
Brown-glazed Oil Lamp

元代中期
Middle Yuan Dynasty

口径 7.8 厘米 底径 3 厘米 高 2.2 厘米

敞口，方唇，斜腹，平底。灰白胎，胎质细腻，胎体坚致。酱釉。芒口，外壁及底露胎。

245 **酱釉执壶** （石 T115③：3）
Brown-glazed Ewer

元代早期
Early Yuan Dynasty

口径 5.6 厘米　底径 5.5 厘米　高 12.1 厘米

敛口，方唇，溜肩，深鼓腹，下腹斜收，平底微凹。颈肩
交界处置对称的圆管状横系，腹部一侧置曲流，另一侧置
扁条形执手。灰白胎，胎质细腻，胎体坚致。酱釉。口部、
下腹及底露胎。鼓腹处可见接胎痕。

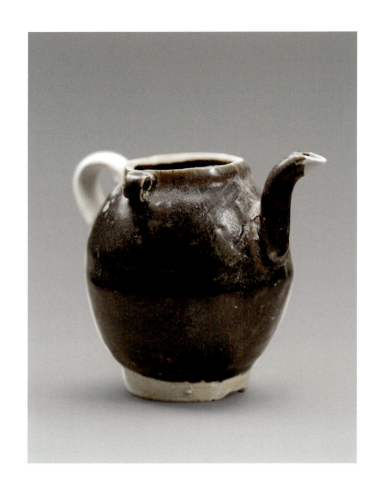

246 **酱釉执壶** （石 T115③：35、石 T115④：51 ）
Brown-glazed Ewer

元代早期
Early Yuan Dynasty

盖径 5.6 厘米　盖高 1.4 厘米
壶身腹径 10.0 厘米　底径 5.2 厘米　高 11.2 厘米

有盖。盖子口，方唇，盖顶下凹，中心置一环形纽。灰白
胎，胎质细腻。盖面施酱釉。壶身直口，短颈，溜肩，鼓腹，
平底。颈肩交界处置对称的圆管状横系，腹部一侧置曲流，
另一侧置扁条形执手。灰白胎，胎质较细。内外皆施酱釉。
芒口，外施釉不及底。外腹部有粘连。

247 **酱釉砚** （李 T13H6：2）
Brown-glazed Inkstone

宋末元初
Late Song / Early Yuan Dynasty

直径 12.6 厘米　高 2.4 厘米

圆形，底内凹。顶面中心为砚堂，四周为一周砚池。浅灰胎，胎质较细。酱釉。仅砚池处施釉，其余部位露胎。

248 **酱釉砚** （石采：75）
Brown-glazed Inkstone

宋末元初
Late Song / Early Yuan Dynasty

直径 12.0 厘米　高 5.0 厘米

圆形，弧鼓腹，足底呈阶梯状。顶面中心为砚堂，四周为一周砚池。酱釉。仅外壁及砚池处施釉，其余部位露胎。

249   **酱釉砚滴** （石T115②：5）
Brown-glazed Water Dropper

元代早期
Early Yuan Dynasty

口径 1.7 厘米 足径 4.3 厘米 高 6.4 厘米

直口，孔径较小，短溜肩，鼓腹折收，饼足微凹。腹部中折处有一短流，另一侧把已残。口肩处饰三周凸弦纹，上腹呈瓜棱状。灰白胎，胎质细腻，胎体坚致。酱釉。施釉近足。

双釉瓷

Bicolor – glazed

Porcelain

250　双釉碗 （马T15②：5）
Bicolor-glazed Bowl

宋末元初
Late Song / Early Yuan Dynasty

口径 15.0 厘米　足径 5.5 厘米　高 5.4 厘米

侈口，方唇，斜弧腹，圈足。青灰胎，胎体坚致。双色釉，
内施青灰釉，釉面有细碎开片，外施酱釉，釉呈酱青色，
釉面亦有细碎开片。内外满釉，芒口。

2 5 1　双釉碗 （石T123②：6）
Bicolor-glazed Bowl

宋末元初
Late Song / Early Yuan Dynasty

口径16.4厘米　足径5.2厘米　高5.8厘米

侈口，方唇，腹微弧，隐圈足。米白胎，胎质细腻。双色釉，内施青釉，釉面有细碎开片，外施酱釉。芒口，底足局部露胎。

252　**双釉碗**（马采：7）
Bicolor-glazed Bowl

宋末元初
Late Song / Early Yuan Dynasty

口径 16.6 厘米　足径 5.2 厘米　高 5.3 厘米

侈口，方唇，斜弧腹，圈足。灰白胎，胎体坚致。双色釉，
内施青白釉，釉色黯淡，外施酱釉，积釉处呈酱黑色。芒口，
底足露胎。

253　**双釉碗**（石 T115③：63）
Bicolor-glazed Bowl

元代早期
Early Yuan Dynasty

口径 14.4 厘米　足径 5.9 厘米　高 6.4 厘米

侈口，方唇，深弧腹，圈足。灰白胎，胎体坚致。双色釉，
内施青白釉，外施酱釉。芒口，底足露胎。

254 **双釉碗** （石T119②：8）
Bicolor-glazed Bowl

元代早期
Early Yuan Dynasty

口径14.7厘米 足径4.8厘米 高5.6厘米

敞口，方唇，深弧腹，浅圈足。灰白胎，胎体坚致。双色釉，内施青白釉，釉面有细碎开片，外施酱釉，釉色明亮，局部缩釉。内外满釉，芒口。

255 **双釉碗** （石T115③：99）
Bicolor-glazed Bowl

元代早期
Early Yuan Dynasty

口径16.3厘米 足径5.9厘米 高6.0厘米

侈口，方唇，弧腹，圈足。灰白胎，胎质细腻，胎体坚致。
双色釉，内施青白釉，釉面有开片，外施酱釉。芒口，底
足露胎。外壁可见旋削痕。

256 **双釉碗** （石 T125②：20）
Bicolor-glazed Bowl

元代早期
Early Yuan Dynasty

口径 16.2 厘米 足径 5.3 厘米 高 6.3 厘米

侈口，方唇，弧腹，浅圈足。灰白胎，胎质细腻，胎体坚致。双色釉，内施青釉，缩釉严重，釉面有细碎开片，外施酱釉，釉面局部开片。芒口，底足露胎。

257 **双釉碗** （石 T125、T126 东侧采：24）
Bicolor-glazed Bowl

元代中期
Middle Yuan Dynasty

口径 19.0 厘米 足径 7.2 厘米 高 7.7 厘米

敞口，圆唇，腹微弧，圈足外撇。米白胎，胎质细腻。双色釉，内施青白釉，釉色泛白，釉面有细碎开片，外施酱釉。内底涩圈，外施釉至下腹部。

双釉折沿盏 （李 T8H3：13）
Bicolor-glazed Tea Bowl with Folded Edge

元代早期
Early Yuan Dynasty

口径 11.3 厘米 足径 3.7 厘米 高 4.7 厘米

斜折沿，尖圆唇，弧腹，饼足。双色釉，折沿处施青白釉，
余施酱釉。外施釉近足部。

双釉菊瓣纹束口盏 （马 T4 西扩②：34）
Bicolor-glazed Tea Bowl with Waisted Mouth and
Chrysanthemum Petals Decoration

元代早期
Early Yuan Dynasty

口径 14.6 厘米 足径 5.0 厘米 高 6.9 厘米

口微侈，圆唇，口下收束，斜弧腹，饼足微凹。米白胎，胎质略粗，胎体坚致。外腹壁刻菊瓣纹。双色釉，内施青白釉，外施酱釉。内底圆形露胎，外施釉至腹足交界处。

双釉菊瓣纹束口盏 （马T3②：7）

Bicolor-glazed Tea Bowl with Waisted Mouth and
Chrysanthemum Petals Decoration

元代早期
Early Yuan Dynasty

口径 12.7 厘米　足径 4.3 厘米　高 6.4 厘米

口微侈，圆唇，口下收束，斜弧腹，饼足微凹。外腹壁刻
菊瓣纹。浅红胎。双色釉，内施青白釉，釉面有细碎开片，
外施酱釉。内底涩圈，外施釉至下腹部。

261 双釉菊瓣纹束口盏 （石 T105 东隔梁② : 1）
Bicolor-glazed Tea Bowl with Waisted Mouth and
Chrysanthemum Petals Decoration

元代早期
Early Yuan Dynasty

口径 14.2 厘米 足径 4.9 厘米 高 7.1 厘米

侈口，圆唇，口下收束，斜腹微弧，饼足微凹。外腹壁刻
菊瓣纹。灰白胎，胎质细腻，胎体坚致。双色釉，内施青
白釉，外施酱釉，有流釉。内底圆形露胎，外施釉至下腹部。

262　双釉菊瓣纹盘 （石采：24）
Bicolor-glazed Dish Decorated with Chrysanthemum Petals

元代中期
Middle Yuan Dynasty

口径 22.6 厘米　足径 11.0 厘米　高 5.2 厘米

盘口，弧腹，圈足，足墙内斜。内壁饰一周菊瓣纹。灰白胎，胎质较细，胎体坚致。双色釉，内施青白釉，釉色泛灰，釉面有开片，外施酱釉。芒口，外壁上部无釉，外底心露胎。

263　双釉漏器 （马 T9②：24）
Bicolor-glazed Strainer

宋末元初
Late Song / Early Yuan Dynasty

残高 2.6 厘米

仅存底部。弧壁，圈足。底部有数个圆形漏孔。青灰胎，胎质细腻，胎体坚致。双色釉，内施青白釉，釉色莹润有光泽，釉面有开片，外施酱釉至腹足交界处。

伍

青花瓷

Blue

and

White

Porcelain

青花瓷

Blue and White Porcelain

264 **青花碗** （石T9①：1）
Blue and White Bowl

清代
Qing Dynasty

口径 11.2 厘米　足径 9.5 厘米　高 5.0 厘米

敞口，尖圆唇，深弧腹，圈足。内底及外壁均饰灵芝纹，
外足墙饰单圈。灰白胎，胎体坚致。釉色白中泛青。青花
发色黯淡。内底涩圈，足端刮釉。

青花碗 （石采：74）
Blue and White Bowl

清代
Qing Dynasty

口径 10.8 厘米　足径 4.9 厘米　高 4.9 厘米

口微侈，尖圆唇，弧腹，圈足。内口沿饰一周边饰，内壁下部饰单圈，内底心饰花卉纹，外壁饰抽象花卉纹，腹足交界处饰单圈。白胎，胎质细腻。釉色白中泛青。青花发色艳丽。内底涩圈，足端刮釉。

青花碟 （石采：73）
Blue and White Saucer

清代
Qing Dynasty

口径 13.3 厘米 足径 7.9 厘米 高 2.1 厘米

敞口，尖唇，浅弧腹，圈足。内口沿饰一周边饰，内底
饰抽象花卉纹，外口沿饰单圈，外壁饰三组简单花卉纹，
腹足交界处饰双圈。灰白胎，胎质细腻。釉色白中微泛
青。青花发色艳丽。内底涩圈，足端刮釉。

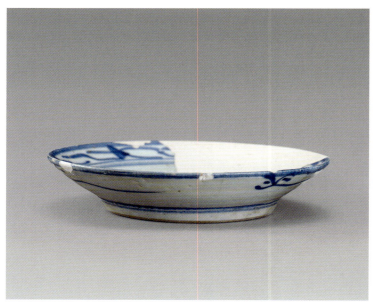

267 **青花碟** （石 T38③：1）
Blue and White Saucer

清代
Qing Dynasty

口径 12.6 厘米 足径 7.9 厘米 高 2.4 厘米

敞口，圆唇，浅弧腹，圈足。灰白胎，胎质细腻。内底及外底局部釉色泛蓝。内底涩圈，足端刮釉。涩圈处粘有少量瓷胎，器表粘落灰窑渣。

268　　**青花碟** （石 T38 ③：4）
Blue and White Saucer

清代
Qing Dynasty

口径 12.4 厘米　足径 8.2 厘米　高 2.4 厘米

敞口，圆唇，浅弧腹，圈足。灰白胎，胎质略粗。内底釉
色泛蓝。内底涩圈，足端刮釉。器表粘有大量黑点落渣，
外底粘有大块窑渣。

269　　**青花杯** （石 T115Y1 采：1）
Blue and White Cup

清代
Qing Dynasty

口径 6.4 厘米　足径 2.9 厘米　高 3.4 厘米

敞口，圆唇，弧腹，圈足。白胎，胎质细腻。釉色白中泛青。
内外满釉，足端刮釉。足端粘有少量青料。

270　**青花油灯**（马采：13）
Blue and White Oil Lamp

清代
Qing Dynasty

口径 4.3 厘米　足径 8.2 厘米　高 19.9 厘米

灯盏呈罐状，一圆形灯芯孔从腹壁穿过。长柄状灯柱，上细下粗。灯台呈浅盘状，盘心平。高圈足。白胎，胎质细腻。釉色白中泛青，釉面有细碎开片。足端刮釉。

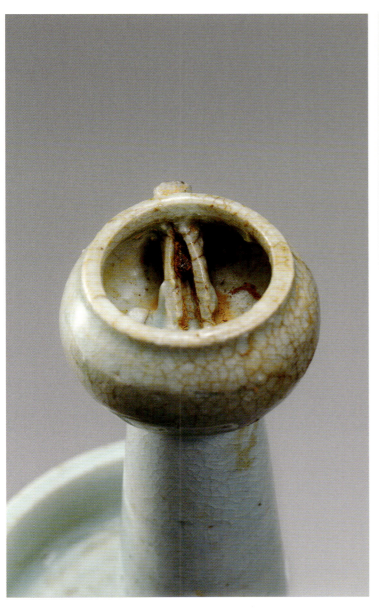

271 　**青花油灯**（石 T121 采：1）
Blue and White Oil Lamp

清代
Qing Dynasty

口径 8.0 厘米　足径 7.3 厘米　高 5.4 厘米

整体呈罐形。直口，微束颈，鼓腹，圈足。一圆形灯芯孔从腹壁穿过，两侧的圆形系残。颈部及足墙各饰一周单圈。白胎，胎体坚致。釉色白中泛青，釉面有细碎开片。口沿与足端刮釉。

272 　**青花汤匙**（石采：40、41）
Blue and White Spoon

清代
Qing Dynasty

长 12.4 厘米　高 5.1 厘米
长 12.1 厘米　高 4.5 厘米

匙头斜壁，底部微内凹，长柄。白胎，胎体坚致。釉色白中泛青。底部刮釉一周。

陆

窑业工具及其他

Kiln

Furniture

and

Others

窑业工具及其他

Kiln Furniture and Others

273 **轴顶板盏** （马 T4② : 2）
Shaft Roof Cap

宋末元初
Late Song / Early Yuan Dynasty

长 21.4 厘米 凹窝直径 6.9 ~ 7.5 厘米 高 3.5 厘米

整体两端弯曲呈角状，中部为圆形凹窝，面略平，中间高、
两端低。夹细砂米白胎，胎体坚致。仅凹窝部分施酱釉，
外部少量流釉，其余部分露胎。

轴顶板盏 （马 T4② : 2）
Shaft Roof Cap

274 **轴顶板盏** （石 T126 ⑤：1）
Shaft Roof Cap

宋末元初
Late Song / Early Yuan Dynasty

残长 12.2 厘米 高 3.4 厘米

残存一半。中部为不规则椭圆形凹窝，一侧有一把手，把手向外侧渐细。白胎，胎质细腻洁白。仅凹窝部分施青白釉，手柄处有黑色斑点。

275 **轴顶板盏** （石 T115 ②：21）
Shaft Roof Cap

元代
Yuan Dynasty

高 2.2 ~ 3.5 厘米

两边把手残。中部为不规则椭圆形凹窝，把手向两边延伸。灰白胎，胎质细腻，胎体坚致。仅凹窝部分施青白釉。器表粘砂。

2 7 6 　**轴顶帽** （石 T115 ③ : 2）
Shaft Cap

元代
Yuan Dynasty

直径 6.6 ~ 7.0 厘米　高 2.6 厘米

整体呈九棱矮柱形，上部有一圆形凹窝。灰白胎，胎质细腻，胎体坚致。凹窝
施一周青白釉，侧壁不规则施釉。器表粘落灰窑渣。

2 7 7 　**轴顶帽** （石 T127 ② : 13）
Shaft Cap

元代
Yuan Dynasty

直径 6.4 厘米　高 2.4 厘米

整体呈圆柱形，上部有一圆形凹窝。灰白胎，胎质细腻，胎体坚致。凹窝施一
周青白釉，侧壁不规则施釉。上部粘有大量窑砂。

278　**轴顶帽** （石 T124②：4）
Shaft Cap

元代
Yuan Dynasty

直径 6.7 厘米　高 2.9 厘米

整体呈圆柱形，上部有一圆形凹窝。灰白胎，胎质细腻，胎体坚致。凹窝内满施青白釉，釉面有细碎开片，外皆无釉。器表粘砂、落灰。

279　**轴顶帽** （石 T125②：16）
Shaft Cap

元代
Yuan Dynasty

直径 5.7 ~ 6.0 厘米　高 2.9 厘米

整体呈圆柱形，上部有一圆形凹窝。灰白胎，胎质细腻。凹窝内满施青釉，侧壁上部施釉。器表有大量粘砂、窑渣和窑灰。

280 **支圈**（石 T127⑥：8）
Support Rings

宋末元初
Late Song / Early Yuan Dynasty

高 17.0 厘米

共 13 层，每层剖面呈 L 形，外壁微弧。外壁抹一层耐火泥密封。

281 **支圈**（石 T127⑥：10）
Support Rings

宋末元初
Late Song / Early Yuan Dynasty

高 5.5 厘米

共 3 层，每层剖面呈 L 形，外壁微弧。外壁抹一层耐火泥密封。

支圈盖 （马 T13①：1）
Cover of Support Rings

宋末至元代
Late Song / Yuan Dynasty

直径 19.8 ～ 24.0 厘米　厚 1.7 ～ 2.2 厘米

圆饼状，顶面微内凹，壁微弧，底近平。粗砂红褐胎，胎体厚重。素胎无釉。底面中心有青釉器物粘连痕迹。

283　　**垫钵** （石 T127⑥：9）
Stilts Bowl

宋末元初
Late Song / Early Yuan Dynasty

顶面径 15.0 厘米　底径 8.0 厘米　高 2.4 厘米

为支圈底座。顶面中心下凹，折腹，上腹较直，下腹斜直，平底内凹。
灰白胎，胎质较粗，胎体坚致。素胎无釉。底部有粘砂。

284　　**垫钵** （马采：2）
Stilts Bowl

宋末至元代
Late Song / Yuan Dynasty

口径 8.2 厘米　底径 7.4 厘米　高 2.2 厘米

敞口，圆唇，斜直腹，平底内凹。夹细砂灰白胎，胎质较细腻，
胎体坚致。素胎无釉。

285　　**垫具** （石 T126 ⑤：13）
Stilts

宋末元初
Late Song / Early Yuan Dynasty

顶面径 10.5 厘米　足径 6.5 厘米　高 2.3 厘米

由香炉底部改造而成。顶面内凹，折腹，上腹近直，下腹
折收，饼足内凹。青白胎，胎体坚致。素胎无釉。

286　　**荡箍** （马采：5）
Rotation Stabilizer (*Danggu*)

宋末至元代
Late Song / Yuan Dynasty

外径 11.0 厘米　内径 8.2 厘米　高 2.8 厘米

圆环状，顶面和底面平，外腹壁直，内腹壁微斜。灰白胎，
胎体坚致。内壁施青白釉，其余无釉。

287　荡箍　（马T2②：69）
Rotation Stabilizer (*Danggu*)

宋末至元代
Late Song / Yuan Dynasty

外径 8.0 厘米　内径 2.7 厘米　高 3.7 厘米

柱状，中部有圆孔，顶面和底面平，外壁微弧。灰白胎，
胎质较细，胎体坚致。外壁施酱釉，其余无釉。器表粘砂。

288　荡箍　（李弄 T111③：3）
Rotation Stabilizer (*Danggu*)

宋末至元代
Late Song / Yuan Dynasty

外径 8.6 ～ 9.2 厘米　内径 4.0 厘米　高 5.2 厘米

柱状，中部有圆孔，顶面和底面平，外壁微弧。一侧因长
期使用而呈斜坡状。灰白胎，胎体坚致。内外壁施青白釉。

289　　　**垫柱** （石 T125②：320）
Stilts Column

宋末至元代
Late Song / Yuan Dynasty

顶面径 8.6 ～ 9.4 厘米　底面径 10.8 ～ 11.6 厘米　高 9.9 厘米

顶面平，束腰，下腹呈喇叭状，底内凹。红褐胎，胎质较粗，胎体厚重。素胎无釉。顶面有器物垫烧残片。

290　　　**垫柱** （石 T119②：13）
Stilts Column

元代
Yuan Dynasty

顶面径 6.0 ～ 6.2 厘米　底面径 5.4 ～ 5.8 厘米　高 9.8 ～ 10.2 厘米

圆柱状。夹砂灰白胎，胎体坚致。素胎无釉。器表多凹坑，粘落灰窑渣和窑汗，下部火烧痕迹明显。

291 **擂钵** （石 T127②：3）
Mortar

宋末至元代
Late Song / Yuan Dynasty

口径 20.0 厘米　足径 14.7 厘米　高 14.1 厘米

口微敛，方唇，弧腹，宽饼足。内壁有刻槽。红褐胎，胎
体厚重。素胎无釉。

292 **擂钵** （石 T116②：14）
Mortar

元代中期
Middle Yuan Dynasty

口径 20.0 厘米　足径 12.8 厘米　高 15.6 厘米

敛口，圆唇，鼓腹，宽饼足。内壁有刻槽。红褐胎，胎体
厚重。青釉。内无釉，外施釉近足部。

293　擂棒 （石采：20）
Pestle

宋末至元代
Late Song / Yuan Dynasty

口径 2.3 厘米　最大径 4.8 厘米　高 12.5 厘米

喇叭口，上细下粗，顶端有小孔。青白胎，露胎处
胎色红褐，胎质细腻，胎体坚致。青白釉，釉层玻
璃质感强，釉面有细碎开片。满施釉后下部刮釉。

294　"咸淳三年四月" 利头
（石 T115 东隔梁③：105）
Chunk (*Litou*) Inscribed with "April of the Third Year
of the Xianchun Era"

南宋末
Late Southern Song Dynasty

顶面径 7.8 厘米　残高 2.2 厘米

仅存器体顶端。顶面微弧，腹壁近直。腹壁刻有"……
咸淳三年四月……"生烧，红褐胎。青白釉，釉色
泛黄。腹壁施釉，顶面无釉。

295 "寅年九月"利头 （石 T125 ②东侧采：18）
Chunk (*Litou*) Inscribed with "September of the Year of the
Tiger"

宋末至元代
Late Song / Yuan Dynasty

顶面径 6.0 厘米　残高 17.8 厘米

残存器体中上部。顶面平，腹壁斜直，内中空。顶面和腹
壁近顶部各有四周宽凹弦纹，腹壁一侧刻"寅年九月"。
灰白胎，胎质细腻，胎体厚重。刻字上施青白釉，其余无釉。

利头 （石 T125②：15）
Chunk (*Litou*)

宋末至元代
Late Song / Yuan Dynasty

顶面径 7.3 厘米 残高 13.6 厘米

残存器体中上部。顶面中间凹陷，腹壁近直，微束腰，内中空。顶面有数周凹弦纹。米白胎，胎体坚致。素胎无釉。

298　　　　　　　　**火照**（一组）

（石 Y4：17、石 T117⑤：3、石 T117⑤：4、石 T126⑤：16、
石 T126⑤：17）

Test Pieces (*Huozhao*)

宋末至元代
Late Song / Yuan Dynasty

长 5.4 ～ 6.3 厘米　厚 2.5 ～ 7.0 厘米

由青白釉碗切割而成。呈上宽下窄的梯形，口沿下方有圆
形钩孔。灰白胎，胎体坚致。青白釉。芒口。

297　　　　**陶拍**　（石 T117⑤：1）

Pottery Stamp

宋末元初
Late Song / Early Yuan Dynasty

最大径 6.4 厘米　高 3.4 厘米

圆柱体，底与侧面有少量缺损。平顶微内凹，腹壁直，底
部边缘弧，中心近平。灰白胎，胎质较细，胎体坚致。素
胎无釉。

299 火照（一组）
（石Y3：4、石T127④：9、石Y4：15、石Y4：16、石Y1⑦：9）
Test Pieces (*Huozhao*)

宋末至元代
Late Song / Yuan Dynasty

长 5.9 ~ 6.3 厘米　厚 2.0 ~ 6.0 厘米

由青白釉碗切割而成。呈上宽下窄的梯形，口沿下方有圆形钩孔。灰白胎，胎
体坚致。青白釉。芒口。

300　象棋"将"　（石 Y3：5）
"General (*Jiang*)" Piece of the Chinese Chess (*Xiangqi*)

宋末至元代
Late Song / Yuan Dynasty

直径 4.1 厘米　厚 1.2 厘米

圆饼状，顶面及底面略凹，腹壁较直。正面在墨书的基础上刻"将"字。灰白胎，胎质细腻，正面胎色白，其余面胎色灰。

301　"崇宁通宝"泥钱　（石采：76）
Mud Coin with Characters "Chong Ning Tong Bao"

宋末元初
Late Song / Early Yuan Dynasty

钱径 3.0 厘米　穿径 0.6 厘米　厚 0.4 厘米

圆形方孔，有外郭。钱文为瘦金体"崇宁通宝"，模印阳文。黄白瓷泥胎，胎体坚致。素胎无釉。

编后记
Postscript

　　2010 年，为配合浏醴（浏阳至醴陵）高速公路建设，湖南省文物考古研究所（现为湖南省文物考古研究院）与株洲市文物局、株洲市博物馆（现为株洲博物馆）、醴陵市文物局联合发掘了唐家坳窑址，这是对醴陵窑的首次科学考古发掘，揭露了一批宋元时期的青白釉瓷窑炉，尤其是石桥区发现了六座上下叠压的龙窑，出土了一大批精美的青白釉瓷器，其中鼎式炉、牧童砚滴、人物塑像等器形在湖南地区青白釉瓷窑场中首见，再现了当时瓷器生产的繁盛景象。这次发掘有两个方面的重要意义。其一，据《醴陵县志》记载"清雍正七年（1729 年），广东兴宁移民廖仲威在沩山开设瓷厂……此为醴陵制瓷之始"，而此次发掘证明早在宋元之际，醴陵就已经开始了瓷器的生产，将醴陵的制瓷史大大提前；其二，从窑业聚落的发展来看，醴陵沩山位于宋元时期醴陵窑的边缘区域，2019 年出版的《洞天瓷韵——醴陵窑钟鼓塘元代窑址出土瓷器精粹》一书，反映的是元代中期前后醴陵瓷业的文化面貌，而唐家坳窑址属于宋元时期醴陵窑的核心区，其产品代表了醴陵窑宋元时期产品的最高水平。在这次发掘中还发现了两座清代青花瓷窑址，从青花土瓷的发展情况来看，沩山是核心，然后逐渐扩散到醴陵全境，甚至是湖南的其他地区，唐家坳窑址代表了醴陵窑宋元时期的中心和清代的外围，是醴陵瓷业聚落发展的重要例证。

　　此次发掘由胡建军担任领队，田野发掘结束后，他立即组织人员对这批资料进行了初步整理，完成了部分器物的修复和绘图等工作，参加前期发掘和初步整理的人员有吴仕林、文国勋、李永峰、黄阳秋、刘峰、腾昭燕、潘茂辉、田小武、朱俊明、杜林慧、付林英、易万春、汪华英等。后因其他工作安排，整理工作暂停。胡建军退休后，湖南省文物考古研究所郭伟民所长多次提到应及时将这批资料整理出来，并安排我负责这项工作。自 2021 年上半年开始，整理工作时断时续，湖南省文物考古研究所杨宁波及杨盯、醴陵窑管理所黄云英、复旦大学文物与博物馆学系硕士研究生陈冠亨等作为主要成员参与了此次整理，目前已基本完成了马冲区、石桥区、李家坳区发掘简报的撰写。为了及时将唐家坳窑址的发掘情况公布出来，我们决定先出版一本反映唐家坳窑址瓷业面貌的图录。

　　在体例编排上，我们并未按照发掘分区来介绍器物，而是以釉色进行分类，这样的好处是可以看到窑址不同釉色产品的整体面貌，但也存在无法反映几个分区产品差异的弊端，需要结合分区简报及后期的发掘报告来开展深入研究。

　　确定了体例之后，在挑选标本阶段，湖南省文物考古研究所冯琪琪也参与了部分整理工作，株洲博物馆文国勋及时提供了部分借展文物的照片。本书窑址发掘收获部分由杨宁波、黄云英撰写，器物标本的描述由杨宁波、黄云英、陈冠亨共同完成。图录资料整理、编纂和出版工作，得到了湖南省文物考古研究院高成林副院长、醴陵窑博物馆刘峰馆长等领导的大力支持，在此由衷致谢。

杨宁波

2022 年 10 月